慶元縣志輯

第十四册

【民國】慶元縣志 三

【民國】慶元縣志採訪録

【民國】慶元概述

《慶元縣志輯》編委會 編纂

浙江工商大學出版社
ZHEJIANG GONGSHANG UNIVERSITY PRESS
·杭州·

第十四册　分目録

【民國】慶元縣志 三

慶元縣志卷十四

詩

五言古

石龍山　葉祥

石龍何蹲踞不飛向天去一口汲邑川吟臥薰峰邊問仙何年始鐘鼓掛龍耳高〻合龍之前松亦老多年松子落無數其聲疑驟雨碧磴淨無塵苔花繡冬〻春汲泉烹石髓寒峯芳拾霜蕊水雲氣味酸麋鹿共眠餐龍頭明月小龍尾烟雲繞

斑岱山　吳王鐘

萬斛雲濤總白練掛秋空石竅穀聲飛吼曉日射長山江鳥啄時疑

兩猿啼不知風但得匡廬趣世途塞亦通明珠常噴薄斂人用不窮
終願歸江海長辭泄澗中

松源川　吳王賓

川勢百千曲濤呼萬古清松老雲氣結龍吟不斷聲誰作濟川手
渡予一葉輕岸遠水同澗風恬浪正平竹裏人家小晴峰插天明沙邊
鷗鳥宿朝暮與誰盟

前題　知縣　關芳優

灣灣復曲曲踏遍古松源川水清且淺夾岸都成村

雲鶴堂　本府知府　高超

我來雲鶴隨我去雲鶴依蓬萊尚咫尺何天不可飛

構

前題　知縣　闕學優

雲是常時住鶴今飛何處須知鶴與雲本無心任來去

石龍山　知縣　閔學優

登山山屹嵂巋石石嶙峋恍惚龍變化隨屈復隨伸龍首昂百尺俯瞰城之闉龍尾曳千丈環圍河之濆有時雲欲起石怒列其根有時誕作吐山淨濕無塵問松何年種都忘漢與秦松老龍亦老片片垂蒼鱗山是知龍有穴屈別開洞中春山石自今古賞識曾幾人

鶴仙閣　知縣　閔學優

禱雨雨即至羣道仙有靈靈依壇搆傑閣千尋接青冥月靜鶴為馭風高雲作軿去住渾無定經歲歲不扃

藝文志　詩

同章輩辭山遊石龍山周懷忠舟治具招飲豐樂亭

本府教授　張　駿

桜源接客館，坐卧對石龍。經旬沮雲雨，但見青濛濛。今晨忽聞霽，游興乘清風。出门占同人，杖策欣相從。曲磴鎖蒼靄，爽峙削松孤。亭山之半，萬象羅此中。群山亦龍族，一一朝其宗。載登梵王殿，飯後羅撞鐘。壺觴辦咄嗟，羅列肴何豐。循環縱拳博，突轂談鋒餘。酣潄仙井甘洌，開心胸，歸敀發長嘯，斜陽掛高峰。

登半天嶺

王元衡

高峰揀蒼天，標奇五岳外。攀緣登絶頂，始識乾坤大。呼吸帝座通，彷彿聞仙籟。俯看波洶湧，百川若交會。日出萬象澄，清風掃埃壒。

本卷第六十五頁提入

乃知非波濤下方雲靄靄

馬仙墓　吳佶

古井騰雲霧微茫一線路老松掃塵埃說是仙嬡墓

邑侯樂曉園哺嬰圖恭紀　吳登雲

萬物本一體聖人皆孩之老友少有託何況羣嬰兒村落泣呱呱不知育者誰賢侯心惻惻朝暮急圖維司徒保息民厥幼貴乎慈欲使皆得所營屋爲首基詢謀及士庶料量供粮食孚字乳貴足朝暮哺以時爰雇貧家婦捬之畜之宜蠶房容鵲蛋桃僵代李枝十十而百百生生而熙熙閭里襁褓子官爲給育貲順陽逢門蒔

使生氣衰、譬言居井萌孽沛然、雨露滋胎、生育所長、大之

權可持寒冰、或覆實隘巷、或潛移、或為拾得子、或有寒

山知、騂犴（吳人呼赤子為騂犴）好頭角、頳面白雪姿、安知非英物、

無根產靈芝、聽此嗢嗢聲、一片春風吹、好官豈好名、有

善所必為、上推帝澤普下沛民膏、施受代既得人、去

此心安怡、歡賞𧾷遷𧾷遷力、顧視嬰娩嬉、群黎續此圖、以當

德政碑、是堂卜千載、可傍公生祠、

咏濟川形勝

吳華

欲訪濟川勝、溶溶春水浮、山色四圍繞、古洞深且幽、或

如虎蟠磴、或如龍驚湫、前哲多遺咏、摩崖碑可搜、行行

路盤轉、忽見村落稠、絃歌魯文學、人物晉風流、牌坊共祠宇、遺跡永千秋、我今聊叙述、所望名賢酬。

以上舊志

螘

抄

由麗水還慶元舟中即事　姚文林

朝發括蒼城客程何迤邐巖雪初消融溪流添尺咫春
山夾兩岸如入桃源裏花樹相送迎岡巒互伏起漁舟三五艘相聚
如墟里破網晒船頭鬻我一錦鯉呼童溉釜烹下此杯
中塏我肴既已嘉我酒亦復旨俯仰山水間鼓腹樂無
已不覺明月升醉酒臥孤篷底
一舟如小葉飲食復起居輾轉不可得何能意自知豈
知聖賢樂不以境遇殊櫪驥志千里轍鮒念五湖顏氏
在陋巷諸葛一草廬俯仰天地闊氣象泰且舒笑彼斗
筲者持躬太拘墟雖居廊廟上無異轅下駒

題會仙菴　蔡旅康

安得軒容膝憑他屋點頭脁然游物表空洞復何求斷髮不文身逃禪豈避秦修成羅漢果明月證前因吾井汲清泉深林籠淡烟客來茶正熟閒說大羅天兀坐蒲團夜靈臺俗慮蠲參空如有悟不讓木樨禪

龍慶橋　在治北十二都曹嶺下

龍泉 李為鳳蛟

長虹跨兩岸劃界亦天然季直留題匾橋名亘古傳

詩五言古

夏日登鷲峯山頂風雨無阻賦此以紀鴻泥

邑人蔡元中

夏暑正炎炎納凉宜石室仰首上鷲峯攀藤還拾級雲霧忽而興天心安可必勢如萬馬奔怪聲鬨咄咄風伯馭何狂雨師意何急煙鎖路莫分混沌天地一身在鼓盪中遺世而獨立似此御太虛道心媿未畢行到之腰匍匐深拜揖默禱我仙翁聲教原四訖天門洞然開欣瞻紅日出萬籟俱無聲清氣任呼吸轉瞬上仙壇沈吟且援筆

以上新采訪

左

漈潭頭在縣治東一都小漈頭水口

（北區）蔡允中 時齋

行過小漈頭長嘯山之幽漈高數十丈波湧萬里流兩岸巖壁聳路險我心憂瀑從天際下滌盡古今愁聲知水急砰湃入龍湫潭深不可測猶豫且句留

以上新采訪

七言古

石龍山　　時芳

石龍山色何巃嵸，芙蓉片片開晴空。蜿蜒迤邐下林麓，怪石壁立倚長松。長松聲聞元帝闕，石龍昂首如端笏。梵宮林樹鎖昏霞，清磬疎鐘隨曉月。懸崖小洞可藏春，修竹鉢穿苔逕匀。仙人長臥不知歲，閱盡世上古今人。借問佳勝誰闢剖，南國樊公五丁手。搜奇歷歷到如今，可比柳州柳太守。躡屐不盡看山杯，淩虛作賦日徘徊。山靈于今重生色，今人千載仰鴻裁。

巾子山　　徐道源

八月二十五日，有雲起薰山甚奇特，烟收四望碧君天，明忽見空中呈五色初如食頃一長虹倏變彩橋三道直北山之北中之橋跨兩山幾千尺仙人稅駕固不疑亦是鄉閭好消息春風早晚狀元歸先是祥光動塵陌後來接武應有人為語吾儕勤着力

松源山　李灯

環城山作障松源山更奇虬松老歲月不辨秦漢時古柯疑化石干霄雲影碧石亭亭積翠綠生烟斜曛返照幻蒼森一泓澄澈寒潭空林際殘陽倒影紅千仞烟火傍山林麓一曲清歌調晚風君不見古來名勝洵多美物色無人終爾爾又不見子厚當年好搜奇名山終古稱知己我來登眺復啣杯一派松陰入望來陶然共醉松山下新月盈盈照晚回

百丈山

吴運光

百丈高峙城以北霞屋雲樓深莫測千峰萬峯插層霄長天倒
映青紅色我來振衣越其麓絶頂摩天一極目崖泉飛雨白日寒烟
山點點皆羣伏惟有層岩香露新當年蜕化玉為人蛾眉不受人間
妬採藥山中別有春一自青虬入丹府鏡色埋秋光無主石蹬猶留舊
帶痕林梢彷彿霞裾舞君不見名媛幾許藏金屋百歲星霜掣電
速但見蒿邱卧麋鹿何如身乘彩雲歸名伴山青与水綠

前題

余鈞

層巒四塞割昏曉百里山光青未了惟有城西百丈山一峯獨俯羣
峰小雲石嵯峩高千尺中有懸崖与峭壁磴危梯躡飛龕清

藝文志詩

洮

日當空真蒼赤我來覽勝方年少一觴一咏一長嘯曲徑通幽多白雲龍湫古井恣登眺憑心誰指點覓仙蹤刀尺履痕石邊逢竟日探奇奇何限烟嵐杳靄若爲容自來勝地尋幽草萬籟山山沉秋覺好名媛一去幾時歸空山無人終不老

白馬山　吴王春

東山嶺嶺奔雲下行客傳呼爲白馬雲生毛鬣向風嘶霜蹄蹴踏花滿野山花爛熳穿林綠錦鞍雕韉馳駿足隔溪啼鳥奏清聲夢回馬上聞新曲吾聞茲白之馬來西方萬里一息恣騰驤局促轅下詎足數胡不追風逐電如飛黄

百花巖　吴麗明

橋

危峰孤高勢湧出韜霞揷雲疑白日我攜〻節杖躋其巔萬山攢翠森〻立高臺落星横千尺不見黄冠相對奕崖邊靉靆四垂流雲巖下楸枰撑怪石流雲怪石掩蒼苔昔年樵子不歸來金檻綺樹知何在但見爛熳百花開花迎野徑鋪秋色姹紫嫣紅粉似織依稀當年洞口桃散落山南并山北

將軍嶺　吴勳

天上何年落將軍憑高踞險勢凌雲無邊壁壘蕭〻合四顧旌旗冉〻曛我今且隨將軍度黄茅白葦紛無數墮馬嵓巖深沓〻一雲落魂澗曉迷烟霧一灣過盡復一灣回頭不見嶺南山憶昔戰敗馬陵道而今且過鹿門關將軍對我默無言御杖飛走真可憐汗流浹背

猶未已道逢梅樹口流涎我願將軍聊駐馬豈願將軍教舉鞭行盡六步与七步直陟嶺頭分去路將軍遂盡往來人坐鎮烟嵐億萬古

前題　劉光魁

巍然大嶺名將軍嵬高雄踞干青雲壁壘重重勢嚴肅棘門灞上何足云衆山崒嵂如懾伏校隊騈羅紛部曲森森萬木植戈鋋長松千尺元戎纛縣野花艷艷遶山隈如荼如火紛作堆兜鍪切雲長纓麗赤甲耀日金鱗閃時清百室皆安堵從此將軍不好武名山有約儘盤桓數聲啼鳥來花塢

遊石龍山　教諭　章覲嶽

石龍山高登半天雲日暉映共留連橫空直上勞蹭蹬俯瞰村落

桑

萬井烟松濤入耳吼岩壑層嶺奇峰類劍鍔山中忽遇賢主人危亭把酒瞧日落興酣欲作竟日遊仰觀飛鳥鳴啁啾摹碑淡字尋古跡豪吟長嘯山之幽昔賢詩句教我讀流覽篇章珠百斛山僊不識何姓名羽客仍披古衣服吾本甌江慣乘船忽來此地遊逍遙海門烟水空萬丈不見扶桑聽採樵

謁陳夫人廟

訓導 胡曾肇

城西有廟峙山巒麓巋然新宮駭遙矚古柏參天代黑色濃柯如青銅蟠屈曲森然魄動謁仙靈廟舍言是陳夫人古田有女行十四生而正直沒為神夫人降生唐大歷宋封順懿褒坤德閩嶠咸蒙呵護靈濛洲更荷吹煦力廟宇不知創何年萬歷重修故老傳神亮鳥弄歷

寧陰

憑

久遠歲時致祭禮無愆心祈禳報賽紛士女酒清於罇殽列俎雨暘時若疾厲消更有寧馨神賜与紅花靧面祝中閨夫人之靈陰佑之日重衣風前紛跳走暗中神力爲扶持衆心感戴神功溥廟貌重新闢堂宇文棍鏤檻填青紅璇臺高敞薦歌舞日之吉兮神出遊耀雲芝兮揚綵斿華鐘聲鏗鼓嘈囐燈光艷艷明月山瞰廟後青巒山勢崔崒廟前溪水青湍急山高水長無終極萬載千秋綿血食

登半天嶺　季學勤

古方地之書天億萬七千里有奇荒唐之說殊可疑誰將尋丈細揣量上窮碧落下平坡嶺名半天復何據祇言峻絕無等夷積雨新晴秋氣爽同心數子摳衣上前見履底後見頂石級峮嶙時據掌凴几

本志口第四十二頁提入

高四望迥無垠，衆山山則岁羅兒孫。縹緲恍聞仙樂奏，翕忽如見雲旗翻。吾聞宗動之天爲最高，剛風日夜鳴調刁。此嶺已在天之半，森疎萬木聲蕭蕭。神寒骨冷不可以久駐，如何九垓之上恣遊敖。

輓錢師台　李學勤

會稽名儒産名人，每見才高氣未純。風範惟有錢夫子，知天知命獨守真。少壯知名膺恩寵，老大秉鐸抵四春。性靜不嫌青氊冷，始終如一敎澤民。桃李門前西風急，秋陽影落謝棗賓。講堂老桂最幾先（庭有丹桂，是秋無故自折，旬後逝），鷗若若失（園有鷗數百，師故後三日悲鳴盡去）。可憐終養願已違，吁嗟遊子尚未歸。蕭條棺外何所有，四五童兒守棗幃。仲氏嘘

藝文志　詩　七古

本志第四十三頁提入

號寒霧起滿城行者傷昌巳我輩贈賻送行程屈指鑑
湖千外里

步荔園游石龍山原韻　知縣　戈廷楠

環城皆山鬱蔚蘢蓯就中蜿蜒形如龍一峯突立勢孥攫
每當欲雨陰冥濛我來小住山下寺中夜微微吹天風
老僧為指石龍跡不緣捧檄安能逢憶昔浪游泰岱頂
日觀峰側森長松又曾放舟入東海三山隱約波濤中
驚心怵目控樓底萬流奔注皆朝宗濛洲于役小延佇
彷彿睡覺聞晨鐘問訊土瘠罕物產製衣蔴煮筍稱年豐
撫字催科慚兩拙一行作吏非銛鋒何時攝衣石龍上

第五十一頁提入

縱目四顧開心胸張公豪興誰與同揮毫笑傲登此峰

百丈龍湫

田嘉修

浩淼銀海翻鯨波神龍蟠通星河八荒伐鼓承帝訶雲垂水立走靈鼉山湫百丈石嶒峨九淵無深蔓薜蘿嵩高山五曳遠來過雷陽挂璧躍金梭會時呼兒策青飆風伯前驅反偃禾巖窟清幽息滂沱霖雨潤物天下多

雙潭石印

田嘉翰

歷陵山高三千丈七孔石印雲漢章太平皞皞頌熙洽朱書妄誕都稱揚我游雙水清絕中涵魄石明鏡列衣蟜蟠龜紐青泥封紫蘚斑駁狀鑄鐵月照千潭象外呈誰

第六十八頁提入

知鬼斧鐫隆平狂瀾澎湃摵砥硅蝌文鳥跡參差明噫
嘻綏綰天下信造化為鑪真堪認介石飲水有如此應
作萬古河山鎮

石壁隘記并七古　教諭倪始湧

慶邑石壁隘路距城東古樓廟里許危巖峭石路僅一線可通下臨深淵其險異常舊傳古嘗置渡船以濟往来有孀婦僅一子溺於水乃奮力鑿道以通行旅渡船停止後常有溺者以路窄故也嘉慶年間有負粉乾與負豚者交臂失足俱跌于水溺死吳君昌興聞之惻然捐貲開鑿寬廣六尺即輿馬亦可並行此千百世坦

補遺

行無顛覆患者皆吳君之賜也因為之記并賦七古以詠其事城東五里仙桃麓溪水一灣鳧雁宿峯巒峻絕碧雲生峭石危巖花芬馥俯瞰中流羨魚魴仰看懸崖集樵牧雨霏絕巘覘飛仙月出東方聽鹿鳴古道留存一線通路窄驂輿輒蹋蹴後臨峻壁下臨淵一望驚心更駭目羊腸鳥道歷千秋屈指於今幾髏髑懷慨捐金來吳君鳩工鑿石成功速長三十丈寬六尺輿馬交臂無觳觫行吟澤畔頌深仁履道坦坦膺多福漁舠輕曳自優游出岫飛雲長郁郁登臨過此作高歌偉哉靈秀乾坤毓

第七十一頁提入

題樂曉園明府慶元哺嬰圖　西蜀安崇庚

兒呱呱兒不孤兒有母母衆婦今年大好長官來安爾懷況嬰孩長官民之爹況汝赤子耶嗚呼生民耶活人耶保赤者仁耶

補遺

題樂曉園明府慶元捕虎圖　（安崇庚）

此何人哉偉且幹昌國之裔班侯面北游不上黄金臺南来爭識潘懷縣請纓曾作都護行懸肘早捹臺（槖）駝印踏天摩漢時占星畫地壘石布八陣虎頭燕頷飛食肉牛刀小試橫腰劍深山大澤摩牙無敵何止論千萬東行奉檄入栝蒼循吏良宰一朝擅山君肆虐苦難除

補遺

惡木盜泉相揮煽，胥吏駭咏突詞未遑，父老驚談色先變。
痛哭餘生感鶺鴒，枉教惡報恣殘噬，弱肉不得供強食。
露布張討宜深獵，蠢爾於菟敢支吾，殄滅不許留絲戲。
石壁山前大合圍，一時僕從齊精悍，攘臂前驅短腿如。
掉頭不住長鬚漢，紫騮背上綦毋刀，烏號聲裏僕姑箭。
烈烈風翻雲倒飛，轟轟石走目驚眩，直撼樞星能上天。
早銷煞氣橫山半，打鼓鳴鉦馬首迎，千呼萬舞人爭看。
媿煞人間封使君，弘農善政今重見，屬之丹青命以辭。
書碑志乘傳之遍，公昔年少恥能文，讀書射獵吟賞慣。
功成直擬畫凌煙，結習未除空自炫，即今四海清平時

第七十二頁提入

何必龔黃輕絳灌，願公治虎如治民，不在安良在禦患，
他日濛洲演傳奇，賢人烈士當合傳，披圖我亦心胆寒，
投筆橫刀來酣戰。

舉溪篇　吳懋修

陰陽風雨重考十，灑澗相承定昭穆，分封吳地在會稽，
移來松源歷唐宋，宋初𣪚瑑肇東莊，是名舉溪長攸築，
地當半月一弦新，對面筆架嶂彧或，雲屏西峙聳赤霞，
龍岡鎖鑰稱密複，山環水抱如轉圜，六橋飛挂渡泓洑，
文明傑閣見在田，燃藜仿佛擬天祿，水口薦元塔勢高，
還有梅花亭聽鹿，虎聖巖踞張壯觀，雲泉石獅拂月角，

第七十二頁提入

奇嵒幽峭蔭龍湫，晴空常看噴珠瀑。一亭復旦一尊光，恰齊來鳳如龍淑。念祖構祠祀春秋，纘緒祈求聚巨族。瓜瓞保蕃永綿綿，家傳禮經年世讀。

題三原唐一峰太守政績　知縣　楊炳奎　文躔

凡官松源似隱吏，由隱而顯誰能至。司馬浙西守粵東，唐名若瀛一峰字。我初負笈游池陽，習聞高丈誇政治。歷今已閱四十春，忽睹楹帖懸此地。頓觸昔年景仰心，前後同官幸附驥。丹漆重髹煥然新，歷年久遠又可冀。邑乘徵信無虛詞，堂存儼若靈光巋。屹愛民本諸身，崇儒重道施諸事。我亦留題願效公，仰止高山對霞帔。

題前任慶元令寶雞高公璘政績（楊炳奎）

昔年東鐸游陳倉，公之子孫羅門牆。爲陳麗水治行芳，今知志載松源鄉。先世元魏銘旂常，不負黑子忠君王。降生磻溪遂發祥，熟讀石鼓齒頰香。濡毫落紙雲麾方，詩情直造長公堂。爲政勤明紹前光，動應機宜才何長。作廟奕奕民不忘，建坊傳後稱循良。鰥生製衣錦多未遑，摩挲甘棠述維桑。景行前徽增傍徨。

題前任慶元令滿洲鳴公山政績（楊炳奎文躔）

補遺

松源置縣民風變，縣令親民貴無倦。自宋迄今亦孔多，四十一人曾立傳。就中徵信伊何人，高公唐公向聞見。

今人自好盡愛名。考史不如口碑徧。父老人人說嗚公。公名山兮長白彥。寬慈大度有真評。聽訟得情弗鍛鍊。作廟崇儒致力神。救荒良策民稱便。東山不出繫蒼生。量移山陰仁風扇。後來向往知有公。昭昭宴宴擬蘧瑗。

以上旧志

石龍山

清訓導 嚴漢清 嚴州人

石龍山高峙城北怪石嶙峋峯奇特迎烟風月爭馳逐
疑有幽人中隱匿嗟我司鐸春更秋冷衙樗坐如繫囚
詭云性好山水遊眼前佳境不復搜冬嶺臘梅花放未
珊珊忽報來仙尉促上龍山一縱目昂頭長嘯空藍蔚
訪道同人問安仙亭仙尉最喜説丹經有時説到神妙處
寒山轉翠月光青松風謖謖催歸客石泉聲聲咽幽谷
鳥倦飛還傍林宿行且歌兮十山麓松源有此好名山
留與今古詩人相往還雖不遇黄石公亦松子幸將俗
慮一時删焉得日月與君同登攀

題會仙菴　在治北十都白馬山

里人　蔡旅康

懷素工學書芭蕉種半屋佛印工咏詩珠泉湧萬斛古來方外多異人豈皆一丁不入目我為探奇赴空谷沿為瞻彼水之澳峯廻路轉過刹門山僧款洽留宿宿鐘鳴素饌錯雜陳苜盤山蔬弁野蔌試問今秋夜如何古寺多鼠多蝙蝠晨磬頻驚夢蕉鹿大雄殿上氣清馥經筵聽誦色相空起看野花開簇簇偶向禪關說玄機僧訴向來生巨族因恐白駒容易過背住叢林今惠福不茹葷不沈麴荒山舊址新版築閒坐蒲團默參禪跪唸藏經意齊肅無奈孽重遇不淑作雲作雨多翻覆三生石

抄

上證前因言之幾效窮途哭我聞此言心怡然笑而不
答轉家塾妙悟奚須木樨香主人容我自看竹

舉溪原委偶賦　　吳懋修

肇基得遇異人成自宋相傳舉水名月窟一邊常照耀
蟾宮三五向東盈靈槎果有仙家事故遣鼇頭獨力擎

巾子山　慶元志昔傳佳氣浮空若彩橋北應宋劉知新及第　阮堉

科頭坐看巾子山山上白雲自來往此中佳氣竟誰知
誤會科名記疇曩天意何曾慶狀頭民心惟望成沃壤
崇朝雨遍松源鄉始信碧公羽翮痛癢

雲鶴山　在慶元治南

藝文志　詩　七言古

我登雲鶴山雲鶴不知處有時化鶴隔世歸有時從龍天去仙人駕鶴與乘龍來往悠悠萬雲路身無雙翼不能從惟向空山自游豫

棘蘭隘 在慶元

藝蘭植棘不可采上有危岸下急水命名知出賢宰官過此恍復入桃源路才通人勢屈曲一夫當關萬里伏時平閩越本一家牧童閒摘山躑躅

七言古

蔡君時齋出其叔母張夫人節烈事畧見示賦此以伸仰止

知事江宗濂　郊僧

松源山水毓奇異，風敦太古彈丸地。士農誠樸讀與耕，婦隷蠶桑明大義。憶余攝篆兩度春，熟稔閭里無疑議。邑中節烈最可風，云是濟陽起出類。濟陽烈婦乡清河，及笄得受中郎贄。結縭情洽若友朋，昕夕勤勞主中饋。旨甘鱐潔奉舅姑，更能盡(曲)承歡意。唱隨相得婉鳳鸞，仳續居然育騏驥。雍雍雙(雙)璧克和諧，煦煦一團泯猜忌。劇憐一旦起罡風，藁(藁)砧遽駕朝天騎。雛燕方般顧復思，飛

藝文志　詩　七古

鴛頓折聯翩翅思量幾度欲殉身白髮萬口難割棄含辛茹苦侍高堂撫孤帷矢柏舟志奈何彼蒼偏不仁忍奪瓊〔瓊〕枝斬其嗣烈婦此時摧肝腸拚除一死無二致從容盥沐畢幽魂頃刻泉臺並撥纏塵寰長謝到瑤池返璞作華剛廿四縱然兩姓皆爭光鐵石人應也墮淚何陸輶軒昔採風旌門一額褒榮溢我亦續將事實陳入祠節孝洵無媿翩翩猶子擅才華兼祧亢宗成大器華胄興修家乘篇徵詩又把郵篇〔筒〕寄開緘展誦心悽然賦詞未就輒酸鼻聊暴區區仰止心待看他年彤管誌

案張烈婦係義士蔡富勳妻勳亡甫大祥其子又殤烈婦因而自盡

蔡君時齋為叔母張烈婦徵求詩文孝思不匱足
堪風世振鏞不文勉賦七古以誌欽仰

杭縣包振鏞伯笙

柏舟本為賢婦式節而兼烈尤難得武城絃歌金管喧
清河有女人之極碧玉年華應好逑羹湯棗栗早虔修
入門堂上交相賀舉案閨中樂唱酬一索喜獲寧馨兒
階前漸茁九光芝健婦持家孫繞膝正是一門春滿時
造物不仁今古咎罡風吹折鴛鴦偶寡鵠啼殘五夜霜
哀姜肯把三生負欲從地下成連理雖拋黃髮與黃口
迴環百折斷柔腸殉節存孤費忖量更念養親兼子職

祇能緩死樹姑嫜從今謝盡鉛華御盟心古井無波處潔膳惟娛二老心折蓼常作三遷慮如此艱貞此孝思蒼鷹亦好扶持誰知天道終難問又令蘭芽遽折枝無夫相有兒相隨無兒思以繼門楣衰草乃復經霜雪薄命而今命更危古來節烈本所羨憂痛餘生何足戀姑舅相依尚有人未亡願作離魂倩載拜堂前泣述詞兒今隨婿是其時縱難養志長承眷却願捐軀志不移從容就義歸真去欲覓貞魂知何處天上迎歸婺女星人閒賸有貞姬墓似此貞姬家國光前門綽楔遙相望我來展拜貞姬墓共仰千秋家氏香

以上新采访

莽

五言律

薰山　知縣 程維伊

極目薰峰麗逶迤陟翠微經春山作黛積雨石生衣壁峭捫蘿磴樹深認竹扉仙橋何處渡冉冉白雲飛

石龍山　知府 周茂源

忙裏登山快囂塵淨此間摩霄雲影落捫壁石苔斑樹杪烟浮碧雲流鳥度閒登高懶作賦新月壓眉彎

中子山　程維伊

彩雲五色分蒼莽氣氤氳嶺上迴巒色溪中映水紋參差舒繚錦粲散布元纁莫嘆濯纓拙峩峩渡夏雲

藝文志 詩 五律古

昏

百丈山　吳潭

烟蘿封谷口轉憶武陵源峭壁雲光冪迴溪雪浪翻鐘聲清俗慮鳥影破烟昏地僻堪留憩參天掛月痕

題龍湫　吳希點

懸河雲半落誰碧翠雲間瀑吼山疑動濤奔雨忽來飛花侵點筆湧雪照卿杯康樂空眺勝雲印屐羽草萊

前題　訓導戚光朝

兩崖懸峭壁古色老秦松怪石疑蹲虎雲湫隱蟄龍瀑聲驚雨過仙跡借雲封坐久寒侵骨遥聞隔寺鐘

蓮花山　吳自明

極目蓮峰勝清猿到處聞是泉俱作雨無石不生雲拂席松陰合
侵衣竹色分此間非捷徑安用北山文

烏峰山　吳鏐

數折危峦山上巍然變大觀村烟來一色泉壁響千端雲浮淨天
澗風高白日寒此中堪小隱誰道出塵難

温洋山　葉上選

青林連海嶠鳥道逼天高古洞長留雪蒼松屢吼濤香菰峯野
蔌鮮蒓采溪毛別有仙靈藥誰誇阿母桃

廻龍山　周貞一

紆曲千盤嶺高高雲氣涼崖泉翻雪浪石骨傲冰霜嫩竹迎人綠

藝文志　詩　五律

沈

飛花繞殿香清齋禪誦久歲月坐來忘

淘洲川　　吴銓臣

白雲侵竹徑綠水夾淘洲野燒光連曙疎林響帶秋危橋歌野岸廢寺接荒邱不奈溪流淺無因泛小舟

鏡潭　　吴世臣

還勝臨東郭霏微翠欲霑空潭澄玉鏡飛瀑散珠簾竹閣寒書幌花村賜酒帘漫愁歸路晚林外月纖纖

石龍山大士閣　　周曾明

高閣俯丹梯攀林路不迷翠屏環列嶂雲浪湧迴溪遠岫看雲出長松聽鳥啼終朝環坐嘯日色漸沉西

藩

望京臺　　李海

層臺百尺餘，縱目徧村墟。幽思詩陶寫，閒愁酒破除。花隨春雨盡，柳帶暮烟踈。何處是京邑，迢迢望碧虛。

桃洲溪　　教諭　徐應亨

一官成吏隱，何處問桃源。野館雲爲幄，山家樹作藩。浦烟迷過雁，松月照啼猿。最愛東岩水，晴沙映日暄。

普化寺　　江南萃

蒲團禪意好，來坐適閒情。夜月明無相，晨鐘寂有聲。奔天雲如絮

團

靜呪鉢火蓮清，默默時標指，萬緣一粒輕。

莊嚴寺　　教諭　張晉

藝文志　詩　五律古

興

寥落前朝寺香臺幾廢興祇園還舊觀誰爲續殘燈經藏無完帙齋堂有老僧仙禽誰說法不必問迦陵

淨悟寺　葉方齡

年來耽寂寞古寺縱遊情遠望萬松色近聞一磬聲嵐雲常作侶埜鳥自呼名靜坐蒲團上心同山水清

淨心寺　周班祿

十載參禪意不離一淨心翻經彈佛火分粒向山禽幻看鉢中影空傳磬外音茶鑪留我處暇日更相尋

大覺寺　推官　顧文典

欲識靜中趣來爲野寺行空門諸品寂覺地一燈明雨過草初

茁林深鳥亂鳴老僧相指顧不解有逢迎

雲鶴堂　季　灴

傍郭開蓮社悠然別有天人烟浮竹外粉堞掛山前僧老存松性茶香沸鉢泉水登樓閒徙倚坐月可安禪

白蓮堂　姚春榜

九春遊勝地呼杖一相尋駭鳥鐘初響音藏雲竹欲深薄寒留水氣幽靜見禪心我欲聯詩社臨風幾度吟

前題　吴啟甲

癖愛逃禪地穿雲載酒行山圍四面綠泉瀉一泓清梅雨滋苔色松風度磬聲北窗時獨咏猶悟遠公明

楓林庵　葉益章

乍雨溪聲壯，新年（晴）度石虹，遥青連古寺，飛翠撲高窗，鳥下鳴齋

磬，僧來樹法幢，不須聞半偈，早已片心降。

萬松庵　陳觀德

蒼翠萬松色，蕭齋掃俗氛，鹿過花睡醒，客到鳥知聞，暑日

冷於月，午風淡作雲，未容僧獨占，清景與平分。

雲泉庵　周自吳

松竹擁高峰，雲消春始暖，花畦青草盈，幽壑珀石泉緩，寺僻老僧

閒，花殘嬌鳥懶，袈裟曬日晴，方丈閒雲滿。

勝隱庵　吳玉賓

千嶂蔟芙蓉穿林翠幾重斷崖飛雪瀑怪石起雲峯松吹疏清（韻和）
磬、梵猿啼帶曙鐘禪心何處覓不住是真宗

百花庵　周班誥

西風吹杖屨蓮渚漸漂紅社近催歸燕秋深下旅鴻（去）蹤留翠
巘、丹訣乞黄公咫尺鄰仙嶠無勞問海東

前題　周明新

春曉見靈巖勝堪删萬斛愁刹孤鐘正午花滿樹非秋絕壁佛
龕險連雲仙路浮野鶯陪嘯咏莫笑雪盈頭

伏虎庵　吴松年

松關重復扣清境絕塵埃殿迥（迴）涼雲駐窗虛皓月來微風過

竹嶼淺水遠山環勝景供幽賞寧愁夜漏催

前題　吳夢庠

覓春閒野步坐聽雙溪聲軟鳥為山主要松與竹盟風顛花未發雲懶雨初晴事可圖三笑渾忘此一生

清隱庵　葉中柱

遠嶠擎初月晚鐘一水間燈含龍嫌佛情雲角悟僧頑寂寂春堪夢悠悠我共山心聲成五字獨舞乞誰刪

前題　李玠

到此全無暑看南風洗客愁煙生迷竹綠響細愛泉流心與雲俱淡人偕山共幽只須生橡栗此外亦何求

天堂庵　陳之錦

深竹隱巖扉疎鐘度翠微猿啼山月出犬吠寺僧歸桂
影臨窗動泉聲遶榻飛西來意何限色色演禪機

前題　劉作愷

何處尋蓬島孤峯差可攀野雲歸澗底曉日逗林間客
到茶初沸經翻石未頑登臨還嘯詠松月滿禪關

普濟庵　吳玉選

翠巘叢仙桂蒼崖覆女蘿山光晴愈近谷響夜偏多說法依
龍窟棲禪傍鳥窠老僧殊眷客何日許重過

山岡庵　吳玉鐸

石以凌風起盤迴境若疑遠迤分鳥道浩蕩接雲旗碑字苔文古僧龔答問奇一泓清可鑒彷彿報影須眉

慈容庵　吳貞臣

巖窩藏古剎石徑繞溪行雨剝殘碑暗雲開遠岫明鳥隨秋葉舞猿雜曉鐘鳴正喜僧居寂棲禪斷送迎

盤石庵　周九苞

愛此禪居好登臨曉氣清有巖皆古色無樹不秋聲竹裡僧同坐窗前鳥自鳴已忘塵世事但看白雲生

石龍山三官廟　吳之球

山高堪遠眺崖際隱孤城群動都歸靜崎途一望平人家連

水色霜樹有風聲耳目何超曠渾忘世俗情

順濟祠夏旱謝雨　　知縣　程維伊

雲密薰峰暗甘霖正及時郊原清暑氣隴畝發華滋澤潤千畦稻功垂萬古碑寄言仍叔子不必賦周詩

戊午秋日登石龍山　　教諭　徐宏坦

龍山秋更好九日趁鋤暉刈稻千家靜亭空一雁飛酣歌忘帽落冷卧識雲園早報僧萸摘加觴且未歸

偕諸子遊石龍山　　姚長湝

首夏龍山上到來豁遠眸雲峯開絶巘曙色落青疇攢樹千家小繞城二水流還遂忘足力倦相與記斯遊

謁馬夫人廟　訓導 胡曾肇

何處昇仙去，言從百丈山。邊迤留石徑，縹緲失烟鬟。名列金銀闕，靈昭甌栝間。蘋蘩時一薦，勝境擬登攀。

竹口署漫成　知縣 關學優

昔年聽政地，幾樹布棠陰。愛我婆娑久，增人感愧深。肯辭陶運甓，亦難得宓鳴琴。不寐自終夜，前山月滿林。

過劉殿元墓　（關學優）

人已委荒邱，名仍萬古留。文章推宋代，政績著綿州。石嶺寒烟淡，中峰瑞氣浮。問誰重振起，相與繼前修。

過陳尚書故里　（關學優）

本志第四十四頁提入

第四十六頁提入

倏爾高飛青雲霄破幾重羽毛誇似鳳頭角儼成龍名以
天官著靈因地脈鍾至今竹溪水猶自繞青峰

鐵尖峰　陳紹虞

萬疊崇山上孤峯削不成遙連霄漢色高似結太陽精聳
拔臨幽壑光芒映晚晴詰朝雲乍起疑射斗牛橫

永興橋　吳孟登

地僻人烟少山危水澗深潺湲飛萬壑澎湃落千尋岸
苦褰裳涉溪愁勒馬臨最宜鞭石手為洽濟川心

濛洲八景

巾子祥雲　吳元棟

藝文志　詩　五律古

第四十七頁提入

中峯佳氣合表瑞協昌期雲結三春彩橋連兩岫奇寶
車飛漢漢仙仗炫離離徵應前朝事於今欲見之、

霞帔麗日 （吴元棟）

仙佩何年化雲山萬古留形齊天帔落色共日光浮礴
礴餘文綺晶明射翠樓不須頻着屐相對興偏幽、

百丈龍湫 （吴元棟）

百丈仙靈地龍湫許獨尋藍拖三井外氣接五湖深絶
巘浮青靄寒光瀉碧潯崇朝雲乍合溥澤應商霖

第四十八頁提入

雙潭石印 （吴元棟）

燕尾交流碧中浮大篆形波涵雙帶綠瀾湧一拳青洛

第四十九頁提入

水曾為鈕龍灣早化星千秋同海石砥柱協川靈

石龍烟淨　吳啟甲

日射晴光遠靈巖宿霧收天衢連秀色雲路豁青眸竹
底人烟淨龕前樹影稠點塵曾不染結想莫辭投

雲鶴松陰　（吳啟甲）

山郭靜朝暉長松擁翠微風濤奔澗水苔徑接禪扉樹
暗雲常在堂空鶴未歸盤桓情未已清磬出林稀

梅坳夜月　（吳啟甲）

忽見梅花發坳頭月正團幽光呈皓魄冷艷沁冰心魂羣
木聲逾靜空山水自湍徘徊留翫賞應作廣寒看

藝文志詩　五律

第五十頁提入

槎水春瀾　（吴啟甲）

滔滔烟槎水，春來錦浪生。橋低新雨足，沙護舊痕平。樹影依堤密，鷗羣列岸輕。渾疑星漢近，最是綠洲行。

巾子祥雲　周培陞

一望祥雲吐，巾峰瑞氣涵。乍疑張翠蓋，旋覺駐仙驂。秋雨纓還濯，春花髻並簪。箇中有佳兆，妙諦可誰參。

霞帔麗日　季學勤

仙女知何去，空拋帔在山。如霞真爛熳，映日更斑斕。色耀青絲綰，光連碧玉環。朝朝憑眺望，薄暮不知還。

百丈龍湫　葉邦勲

靈湫飛百丈撫景正徘徊石罅深成洞龍文淺覆苔九
天疑噴雪十里宛聞雷甘澤隨時降山晴雨亦来

雙潭石印 余鈞

岍澗雙潭迴烟開片石浮分風拖燕尾負水出龍頭帶
繞千重翠文成五色幽更看明月夜倒影落長流

石龍烟淨 周培陞

山高形突兀烟重色朦朧似霧藏深洞如雲鎖遠空一
朝風盡捲千里目能窮環繞皆山水都歸眼界中

雲鶴松陰 季學勳

何處覓仙跡空餘百尺松清陰酣午夢疎韻入晨鐘鶴

保文　第五十一頁提入

已無心任雲仍着意濃禪雲諸品淨翠影落重重

梅坳夜月

月照三更夜坳開幾樹梅也知香獨抱偏訝白成堆信是同心契相將載酒陪素娥如見許應速美人來

槎水春瀾　　葉之芃

合注諸溪水春深尚帶寒隨風旋作浪激石更成湍疊走聲偏壯鷗飛路正寬卻驚槎客渡頃刻過前灘

雲鶴松陰　　田嘉修

閒訪入松林空樓翠色深烟横蘿徑古花落石牀陰山月千年事風濤萬里心悠悠前去鶴何日再來尋

第五十二頁提入

梅坳夜月 （田嘉翰）

疎影本幽姿韜形在山曲姮娥偏契真婉轉照寒馥一點天地心清白原相屬遥遥隔霄壤含芳惜空谷

第六十一頁提入

題上管莊 知縣 關學優

濛洲鍾秀地到此擬仙鄉翠聳山屏列青縈水帶長農皆勤稼穡士亦勉賢良不愧延陵冑洵為邑乘光

陳尚書祠 訓導 王勉

乞米償清俸能言便不同街談誇幼慧邑乘記公忠朝士傾風久春官就日崇九都祠宇外猶是話神童

劉狀元坊 （王勉）

藝文志 許 五律

誰卜薰山兆文章第一流英聲蜚大學芳蔭護綿州軌範傳多士科名許狀頭藍田遺璧在虹彩耀千秋

胡侍郎宅　（王勉）

過目都成誦藏書不在多他年經略使當日教官科錦共金雞劃紳隨繡豸拖故鄉宜置縣畢竟意云何

王給事第　（王勉）

讀卷知肝膽文章信有神淵源傳介弟鐵石識忠臣王海藏書富龍潭結穴真瓣香勤拜謁記取後來人

豐樂亭　知縣　吳綸彰

覽盡山城景清幽萃此亭樹雲朝暮改嶺色古今青日

氣浮原野溪聲入畫櫺梵宮僧欲下趺坐說黃庭

過劉殿元墓 （吴綸彰）

青山抔土在今古仰斯文偉績曾留蜀高名孰繼君龍蛇迷曠野日月照孤墳安得藍田壁而爲多士分

過陳尚書祠 （吴綸彰）

欲作黃金鑄千秋識盛名文章關世運正直是神明高塚麒麟卧荒祠柏樹生巖流一溪水長此繞春城

過劉殿元墓 教諭 沈鏡源

獨挹薰山秀科名得狀頭英聲蜚太學惠澤播綿州巾子雲光現藍田璧彩留墓門傳伏石遺韻誌千秋

過陳尚書祠　　沈鏡源

訪勝神童井，遺坊載令名。能言傳早慧，特達誌奇英。勲業春官著，文章多士程。祠堂馨俎豆，今古月同明。

過王伯厚先生故里（沈鏡源）

南宋興亡際，先生一偉人。建言明大義，讀卷識忠臣。學海搜羅富，詞林著述新。我來經故里，仰止感心神。

雲鶴山　　吳登瀛

萬岫如屏擁，城南起碧峰。高僧青鶴去，古寺白雲封。影射松頭月，聲揚洞口鐘。登臨無限興，四望豁心胸。

胡侍郎墓　　李垣

舉步入深山相逢幾株樹借問此何墳云是侍郎墓蔓
草含春烟荒城漬秋露俯仰深徘徊不覺夕陽暮

春日登雲泉鐘樓　吳念祖

散步入雲泉登樓已灑然松篁圍佛刹花柳罩人烟四
壁如圖畫層臺可學仙倚欄舒逸興頓使俗塵蠲

薰風雨秀　姚鈞培

極目層巒秀薰山第一峰風飄花點點雨洗碧重重峭
壁千尋峙凝雲四面濃綠陰何處繪灑落豁心胸

雲鶴松陰　王成績

禪室近城墉陰凝有老松樓空黃鶴杳徑曲白雲封憑

第六十五頁提入

吊堂名古句留樹色濃我來心覺悟何處覓仙蹤

雲鶴花香　姚樹均

到處香風送春來景色嘉石龍龍帶雨雲鶴鶴飛花紅透胭脂蕚青遮錦繡葩陶然忘日暮踈影半窗斜

雲鶴松陰　葉榮英

雲從松上過鶴向寺中來不見雲邊鶴惟看月映臺濃陰青未了翠蓋碧常開忽聽濤聲急疑經紫府回

遊雲鶴堂　姚叙

纔到禪堂地悠然有所思鶴來心覺寂雲在意俱遲片片浮空際雙雙入夢奇鶴飛雲且住舉念欲何之

抄

五言律

渡江之越宿蕭山縣　　宋　真山民

昨夜大江舟今宵小驛樓隻身千里客孤枕一燈秋市酒難成醉鄉書莫寄愁胸中無史記浪作會稽遊

宿寶勝寺　寺在杭州葛嶺東瑪瑙寺一名寶勝寺　（宋　真山民）

苦吟吟未了只向兩廊行月出塔無影風來驛有聲塵心隨水淨佛眼共燈明安得雲邊住與僧分此情

右詩采自浙江通志藝文載真山民渡江之越宿蕭山縣暨宿寶勝寺五言律兩首亦以見舊志人物傳隱逸真山民僦居松源鄉是其人當為與慶有關初松源鄉原隸龍泉宋寧宗慶元三年以松源一鄉益以延慶鄉之半置為邑今載此二詩所紀之地雖與慶元不相屬惟以其人與縣之關係故采錄之

重見

夜宿蘭溪橋　　丁良翰

蘭溪橋下水晝夜去滔滔有客于焉宿此生胡大勞一官羇薄祿萬事付醇醪久欲歸田里慈親蔵月高

癸卯季秋夜宿蘭溪橋　　知縣 丁良翰

蘭溪橋下水，夜去水滔滔。有客于焉宿，此生胡太勞。一官羈薄祿，萬事付醽醪。久欲歸田里，慈親歲月高。

和前原韻　　吴律聲

科名嗟久歇，不返竟滔滔。孰是思移易，堪能任瘁勞。公今施教澤，我亦飲香醪。豫慶開文榜，羣沾化育高。

其二

蒞慶纔三月，能回勢滔滔。感公多德政，愧我莫酬勞。籌款栽寒士，沾恩飲醉醪。官師兼勝任，抱負卓然高。

以上新采訪

七言律

登石龍山絶頂　知縣 李肇勲

巖花野草露漙漙絶壁蒙籠竹萬竿攜杖尚誇腰脚健振衣直逼斗牛寒數聲清磬石來丹府一片閒雲罨石壇漫道仙凡終自隔于今拔宅可同看

登石龍山　季焜

石龍昂首幾千尋飛閣凌空閱古今廬舍共欣霑闓[愷]澤郊原更喜渥甘霖松巖月映高低影竹徑風吹斷續吟自媿鯫生材譾薄許同攀躋樂難禁

次季生韻　知府 孫大儒

淨土人間何處尋，石龍勝蹟古猶今。攀登未必遂高蹈，游息還思沐法霖。霧隱花斑看豹變，松搖風韻聽龍吟。斜陽忽聽鷓鴣語，便覺淒其不自禁。

登石龍山

李鍾儁

家對龍山看未足，興來獨上最高峯。四圍遠岫雲垂羃，一道長溪雪浪衝。竹為雨餘青似染，松經霜後翠偏濃。人烟燦燦康衢樂，歸路遙聞古寺鐘。

遊石龍山

知縣　程維伊

嶙峋怪石象疑龍，直駕青雲接九重。一抹斜陽明遠岫，千竿修竹列孤峯。林間好鳥風前囀，巖畔繁花雨後濃。景

託

色流連吟不盡歸來遥聽暮村鐘

前題　知縣　鄒儒

石龍曲折逼雲隈偶值公餘到幾回問俗有心尋古跡逃禪
無計托僧媒一城烟火愁中看萬疊溪山夢裡開乞坐危亭
茶盞熟渴腸怕見酒杯來

前題　教諭　章觀嶽

幾年岑寂絶貪嗔節屐閑遊老此身越嶺高盤垂鳥翼
攀松直上踏龍鱗烟嵐翠滴山中景猿鶴音清物外春
愧我未能忘世味雨花臺畔漫逡巡

九日登石龍山　吳鑾

我契前賢愛此臺每逢重九劇徘徊亭中作賦烟霞集
嶺上舒懷眼界開霞帔雲山皆北向仙桃風雨自東來
茱萸遍插思無限古寺喈啾鐘聲任晚催
康熙辛酉春月　李父師集諸生於石龍山肄業每逢
二日躬臨衡文奉陪一豫亭
吴銓匡
光風萬里拂春臺石磴千盤恍接台下榻自慙孺子望
揮毫共識謫仙才嵐烟漫向南溪合花氣還從夾道開
人坐松巔雲路近論文樽酒溢瓊杯
前題　李炡

龍門咫尺接金臺燦爛文星映上台胸有智珠光滿座筆懸
藻鑑課羣才蒼波萬斛兼春湧翠岫千層倚郭開雲裡依
稀仙可問鳴琴一曲笑啣杯

前題　　吳澍

亭高鳥外石爲臺何幸登龍近上台崑比玉凝姿驚藻蘗操莊鵬
奮翼樂英才風清百里琴聲遠馳地擁羣山霽色開試問文
翁化蜀日曾多旨酒泛雲霞杯

前題　　吳松年

鳥織花封香滿臺聲名久已列三台自慚琢月非長技且喜登
龍有隽才較藝元亭岩壁下載觴曲徑洞天開遥瞻紫氣飛

雲外應上龍山泛酒杯

前題　　周九如

一曲鳴絃出帝臺，明星炯炯動三台。衡文群作登龍望，造士能為吐鳳才。澤沛蒿萊朝雨合，春迴黍谷夕陽開。鯫生從抱緇衣好，且向山亭獻壽杯。

步龍山諸兄前韻時辛酉上巳辰也

知縣　李衷繡

家山之麓有金臺，出峯何由列上台。每勸群生勤爾力，更求多士竭吾才。月來天上文心靜，雨過岩前眼界開。羅雀庭闈無箇事，喜君招隱且啣杯。

其二

城闉幾曲上層臺，羅列書帷近帝台。五夜聞聲知爾志，十年作賦愧余才。延陵有後諸吳出，南郡無前一葉開。今日登山饒酒興，槐黃不遠又傳杯。

前題　訓導　葉榮

泰山雅望著燕臺，司命文章列上台。製衣錦花封多寶，政作楨王國育英才。自慚振鐸鱣堂冷，且喜登龍石室開。諸士凌雲應有志，秋香擬泛鹿鳴杯。

前題　葉知鐸

花滿龍山月滿臺，文星燦燦聚中台。憑欄盡是登龍客，入

座都稱作賦才問字人從松杪出載觴筵傍竹陰開羅源多士頻投轄漏永猶傳濁酒杯

九日登石龍山豐樂亭步李公韻 知縣 王恒

兩度登高到此臺倚欄身欲近三台論文舊有詞宗客選勝新饒武庫才地值豐年欣俗厚時逢令節喜樽開滿前康樂堪娛目況是黃花泛酒杯

前題 教諭 王炳

佳節聯吟擬柏臺懸知此樂勝登台參軍龍岫凌雲筆令尹松源製錦才亭額華因豐歲易酒筵恰值賞心開臨風悵望偏睽隔座上應餘北海杯

前題　　訓導　程玉麟

幾度招尋到石臺，攖心疑已入天台。衍期我負登龍約，紀勝君誇宜倚馬才。美盡東南欣座滿，風占壖圃恰軒開。醉翁樂意非關酒，百室盈宜侑此杯。

大士閣　　知縣　樊鑑

萬樹松杉氣鬱蒼，碧雲深護梵王宮。躡虛恍見飛壺客，眺隱疑逢咲疑逢咲隨翁。絕巘登臨霄漢近，四圍眺望海天空。婆娑醉向巖邊臥，身在蓬萊烟霧中。

大士閣　　知縣　李肇勲

半間佛閣俯層城，聞說高人此隱名。入座曇花欣共對，飛空松翠若相迎，岩邊煮酒頻催句。山外傳更漸有聲，寒食良可憐。煙火寂，挑燈遥見野雲平。

大士閣

西湖 王功

閣外千峰擁坐隅，龍門曲徑轉縈紆。登高授簡才俱俊，覽勝飛觴興不孤。自昔齊名推李杜，于今託契重蕭朱。即看避暑傳河朔，把臂何妨逐酒徒。

問仙亭

知縣 李肇勳

不須衫履不須巾，太古遺來一散人。最苦簿書增俗累，閒邀雪月結芳鄰。蒼茫鶴跡留丹竈，斷續龍吟接暮闇。進火明朝傳上苑，千岩花柳共精神。

問仙亭　西右　湯開遠

石龍高嶺嶍崔嵬，千里遊觀亦快哉。天外斷雲開遠目，林間皓月映深杯。登山我愛青松色，作賦君稱白雪才。日暮高臺聊徙倚，一行歸鳥入林來。

前題　吳勗

秋高躡屐倚岩扃，泛菊何辭醉復醒。雲際鐘聲黃葉寺，月中山色翠微亭。繞枝飛鳥何時定，深樹啼猿不忍聽。偶意誦仙還自問，一編且讀蕊珠經。

前題　知府　孫大儒

山門仰首覲仙庭，駕鶴何年駐草亭。岩畔花開旋復落，岳陽人

醉幾時醒白雲詩句留烟雨瑶島鸞音望窈冥對酒長歌非鐵笛凡間猶作玉簫聽

樊公祠

知縣 李肇勳

自慚涼德守殘疆節序遷移見舊棠當日口碑猶可問千年俎豆尚相將壇依伏虎風生戶門對石龍雲作鄉圖畫滿前須領畧新茶早已熟西廊

百丈菴

周九如

絕巘臨登著屐行幽情乍向境中生半林霜葉猶含態幾處山巖花不辨名竹裏看山添翠色泉邊聽鳥奏奇聲歸時倦卧西窗下四壁微涼一枕清

前題　吳鏐

暮山四望氣氤氳摹盡苔痕石上文古樹亂鳴將宿鳥禪房
半掩欲歸雲無邊野景閒中得一派秋聲靜裡聞解識真如
空色相何妨水石與同羣

百丈山　知縣鄒儒

東風吹暖散春寒偶向仙峰縱一觀入眼林巒疑夙夢任情笑
傲喜休官山茶滿樹堆霞片瀑布懸空滾雪團風景此中真
箇好三年回首俗漫漫

又　鄒儒

入來一望便悠然信是山中別有天樹老化龍攖霧出岩深

引鹿伴花眠、鏡臺鎖月仙疑在、韡跡蹊雲吏亦元兀坐懸崖成默想、幾時叢玉了因緣叢玉洞在予邑石城山內多仙跡

馬仙墓　鄒儒

奇攢百丈逼雲峰、蛻化堆遺第幾重、淨掃紅塵無點垢、倒垂綠樹已非松、杜鵑處處啼寒食、澗水朝朝咽墓墉、羨煞仙媛真孝女、千年馬鬣寄奇蹤、

石梯嶺　吳貞明

林巒盤紆竹樹幽、遥看溪浪雪花浮、梯痕近覓升高處、石級鈄通最上頭、瀑落層岩飛足練、寒生六月似深秋、匡山漫詫銀河水、此地還誇百丈湫、

霞帔山　　陳箴

何年神女下人間霞帔輕拋化作山朝露融融梳石髮澗梅點點綴雲鬟岩邊翠色分眉黛谷口清音響珮環我欲探奇頻躡屐悠然相對樂清閒

天馬山　　知縣 程維伊

天馬岩嶢佳氣殊象形宜入瑞靈圖騰驤欲騁追風足蹀躞寧同伏櫪駒雲彩繽紛疑錦障花光爛熳擬流蘇道林過此應心賞買隱何嫌山徑紆

中子山　　教諭 徐應詔

中子峰頭駕彩虹薰山一道往來通霓旌冉冉飛青嶂雲蓋

蕩

亭亭擁碧空仙杖依稀羣玉館帝閽咫尺太微宮先朝盛事誰當繼多士應收萬卷功

仙桃山

吴倬

桃峯突兀紫烟閑空翠濛濛拂袖来山深近看疑雁宕石梁遥度憶天台春歸别圃叢花發日落高林衆鳥回斗酒不禁詩興劇秖今誰是謫仙才

鳳凰山

季叔明

比翼凌霄勢欲飛晴空躡屐攬清暉石經夜雨苺苔滑經着秋霜木葉稀南接幔亭仙窟近東瞻雁宕蕩海山微何年跨此吹簫去五嶽猶堪一振衣

棘蘭峯　李煒

棘底蘭香景最幽，乘高躡屐足遨遊。輕烟細細朝連夜，薄霧迷迷夏復秋。絶巘行人天上落，懸崕古隘水中浮。樓頭畫角當空盡，夾岸風清聽鹿呦。

青峯山　周宣

寒巖寂歷迥生煙，絶頂岧嶤高接天。曉色披雲驚宿鳥，秋聲襍雨入鳴蟬。尋幽試覓豈千室，攬勝還探慧遠泉。是處溪山堪寄跡，結茅應老石橋邊。

天梯山　吳其瑛

巍巍山勢甚崔嵬，峭拔丹梯接上台。紅日早從低處起

白雲時向下方來孤撐絕頂高無匹嶺擺羣峯亂作堆攀陟不嫌千仞遠懸崖眺望軼塵埃

屏風山　吳文顯

西南拖障禦屏風砥柱槎溪誰與同獨立凌霄推勝概高懸絕壁倚遙空多疑四面五丁鑿更愛層巖一徑通謝客如何不到此拾來好景問仙翁

青峯庵　吳王枚

倚天高刹勢雄哉雲際遙看般若臺花逐晴風飛作雨瀑經斷石怒成雷松篁籟發猿聲合鳥嚶煙蛸（消）霽色開最喜空山明月夜數聲鐘梵上方來

舊志輯

雙溪庵

知縣　鄒儒

連日探奇百丈西，筍輿曲曲度雙溪。竹松青裡桃含笑，泉石聲閒鳥亂啼。閣峭自來雲作伴，榻孤偏與月同棲。禪關深處塵緣斷，欲結團瓢傍澗低。

又

鄒儒

塵事匆匆興未闌，偶從方外訪蒲團。四圍山鎖禪關路，兩股泉翻偈語瀾。自愧東坡無玉帶，擬從句漏覓金丹。他年莫負溪頭笑，請看淵明已掛冠。

勝隱庵

吳運光

乘興登山景物清，草庵小憇俗緣輕。石多幽靜忘今古

藝文志　詩　七律

雲自癡狂懶送迎斷壁猿呼千壑雨空天鳥度萬峯晴閒
心尚欲尋泉脈忽見林東月已明

百花菴 季良璣

聞道仙巖燦百花春風步屧入煙霞蔦蘿侵石徑緣溪溝
竹遶山隈傍岸斜曲塢幽深藏佛閣遥邨隱約見人家向
來靈蹟未湮没方信丹臺路不遐

準提菴 知縣李肇勳

花雨繽紛灑佛堂倚風修竹戛青琅溪流澌澌通閩海山勢
層層遶括蒼壯色求真參法諦乘虛得靜見慈航何時
共結蓮花社池上爭看五色光

亭湖庵講席　季煦

溶溶溪水遶亭湖，舊院新修筆畫圖。滿座風光金色相，迴廊月映玉平鋪。氣清頓覺山川近，物格方知上下[illegible]象。森羅皆幻境，沙彌且聽講唐虞。

福興堂　陳祚

僧寮寂寂仙踪闊，舒卷雲霞護梵宮。月照祇林光瑩徹，風翻貝葉影玲瓏。山容如畫當朱戶，爐篆生烟裊碧空。蒼狗白衣多變幻，闍黎臥起日方中。

六如堂　葉嵩

松花香氣落青藤，雨潑芭蕉破未曾。蓮社有詩傳慧可魚山何法繼盧能。樓頭啼鳥窺春草。龕口飛蛾守暮燈。領得薰風清般若。鄉音一杯茗汁出高僧。

福善堂

吳南明

勝日郊原攬物華。東山迴映野雲斜。春歸陌上多芳草。雨過林間有落花。徑繞溪聲通佛刹。坐依松影見人家。酒酣嘯咏俱成趣。移榻何妨就淺沙。

甘霖堂

吳其玉

一到禪房百慮寬。甘霖古寺倚層巒。松杉蓊鬱時饒翠色。棟宇輝煌壯大觀。篆裊香烟雲影靜。風來竹塢鳥聲歡。憑欄四望情何限。檻外長流作帶看。

石龍寺　三楚　毛　炳

偶爾尋春到此間，一時俗慮總全刪。溪環北郭浮龜石，寺枕西峰對象山。雨雜松聲鳴梵閣，烟含竹色隱禪關。却憐作客他鄉久，日暮偏看倦鳥還。

又　吴如公

焚香日日坐蕭齋，合掌瞿曇更愴懷。門俯放生潭水活，壇爲度衆法筵排。天花半墜游龍窟，梵偈遥傳伏虎階。普濟慈航曾有約，于今宿願幸無乖。

天銘寺　姚　鐸

秋老山行悲落木，黄花對酒一高歌。蘿侵斷壁題應徧蘚蝕殘碑字欲磨，添水舊聞蕭寺鴿，聽經誰識遠公鵝。渡江已舍津頭筏，隔岸回看翠靄多。

慈照寺　王錫倖

溪迴路轉落梅香，載酒尋僧到上方，夜雨灑窗山滴翠，春風拂岸柳添黃，靈墟漫禮莓苔像，禪室空留薜荔墻。莫道龍宫久消歇，林端猶見白毫光。

梵安寺　姚朝蔭

翠湧蓮峰一逕斜，斷雲開合景偏賒，泉經夜雨山[illegible]滋徑，遶春風樹樹花，清籟自張君帝樂，淨林誰闢梵王家。老僧似得西來意，雷莢頻分石鼎茶。

子脫韻

九日補天閣市楊公　　姑孰　周之德

清霄（宵）雨歇應重陽一杖尋登木末黃萬井填城山缺處

雙虹負郭水中央愁聞鴻雁傳鄉（信）縣忽見茱萸佩客囊

此日登臨懷作者祇餘新淚濕衣裳

小蓬萊　　知縣　程維伊

中流結屋近芳郊天下無煩論草茅勝地引人疑海島

輕雲扶鶴唳松梢燒丹爐靜春風繞採藥人歸夜漏敲

不信紅塵皆俗吏寄言詞客莫相嘲

文昌閣讌集　　知縣　陳鍾瑨

文昌靈象自天開入夜星輝照席來幾點奎光移北斗

一灣河影蘸中台，樵樓清漏隨風轉，古刹疎鐘逐水迴，
獨羨君家堂構遠，紹庭應有濟川才。

步前題原韵　　吳俸

萬山繚繞翠屏開，閣外飛端捲雲來，拂檻桂枝侵月窟，
入簾霞色近天台，樽前恰聽春鶯囀，花際還飛社燕迴，愛着
自喜公餘還嘯咏，何人不羨出群才。

步前題原韵　　教諭徐應亨

綺閣凌空望眼開，千峰翠影拂窗來，南天象緯臨虛座，
東壁光芒接上台，瀧瀧溪流經雨漲，毵毵柳色逐春迴，
登高作賦懷仙令，共羨陳思八斗才。

步前題原韵　　吳貞明

仙閣躋攀夜色閒，星河倒影入杯來。即看武庫連東壁，誰似文星列上台。勝侶漫誇金谷集，良遊肯羨習池迴。片雲忽灑催詩雨，點（拈）筆猶慙七步才。

九日題文昌閣　　李時芳

黃花滿眼為誰開，有客招邀入坐陪。廿載著書曾閉戶，八旬㩦（攜）杖復登臺。淩雲劍氣從南吐，射斗文光自北來。醉罷茱萸期後會，莫教冷落少陵杯。

題石龍山　　吳其偉

山形絕似笑天猊，偶為笑傲（天）此谿。拋下一毬趨過北，迎

來雙澗又朝西圖開白澤成神如畫狀伏黃狸吼欲啼教
識松間形怪石居人漫擬老龍棲

徐夫人廟　知縣鄒儒

小立芳祠傍石嶔青松謖謖碧蘿深烟霞一塢神仙宅
香火萬家慈母心莫詩閭闔無直道已看巾幗有棠陰
幾回公事單車過陣陣清風觸我襟

冷水亭　葉喬林

曲澗亭閣倚翠微林間返照弄晴暉殷雷忽向高秋起
小雨偏當薄霧飛葉墮疎紅爭逐水石涵冷翠欲侵衣
勞勞客夢知何處爲許相逢一醉歸

原本第四十頁提入

暮春遊石龍山　葉之苞

結伴尋芳冠與童，龍山淑氣鬱青葱。炎光乍到山城外，春色猶留雲樹中。鳥向泉邊啼逸韻，花從嶺上度薰風。登高遠眺情何限，嘯志歌懷今古同。

宋

步龍泉邑令題濟川橋　陳嘉猷

此地天教鑿斷槎，古來劍氣屬張華。長橋高閣一時勝，巨碣雄篇衆口誇。曾是斗牛相照映，不應風雨肆欹斜。令君小試扶顛手，便有歡聲靄萬家。

明

留别松源父老　知縣 陳九功

我愛山城不我欺山城偏與我相宜催科更不煩敲撲獄訟何曾結讞詞無事小窓惟讀易有時過野只烹葵來朝馬首麗陽去一片白雲繫所思

清

前題　知縣 董肇繙

作吏松源兩度春秋風吹送一閒人愧無實政堪稱最笑有空囊莫厭貧閉戶窮經多秀士耕田力穡是良民臨歧片語相持贈安分由來足保身

題延陵周鸞姑暨媳季氏雙節　知縣 程煜

本志第四十二頁提入

斷臂完貞甓臺時，一門姑媳兩堪奇。九重綸綍旌華表，千載芳標薦節祠。送死都傳猶子孝，承祧還有稚孫遺。我來問俗關風化，憑弔幽光樹壼儀。

邑侯唐若瀛薰山禱雨恭紀　吴元棟

兇嶽峋嶙鎮巨鰲，章天雲漢儘煎熬。爲民請命紆途上，皎日當空再拜勞。雷震山南收旱魃，雲生足下起波濤。回車忽帶千峰雨，百里歡騰燕雀高。

和署任孫邑侯九日登石龍山　前人

賦到雲山語自嵬，況逢遨嚴共徘徊。烟花自合分留守，風俗何如論本來。彩帽已隨飈勢落，酒旗更帶夕陽開。

本志二第四十二頁提入

橋

本志二第四十三頁提入

他年佳話傳青史。雲外新詩雨後杯。

錦水橋成誌感　吳元瀚

仙槎斷處鑿飛蓬。伐石爲橋結搆同。煙雨樓臺新店北。丹黃廟貌濟川東。當堤柳色垂芳靄。古句泉聲咽遠風。日暮驅車來繹絡。高才孰是苧陂翁。

過賢良村　知縣 熊珍

三年薄宦到濛洲。故國茫茫憶舊遊。琱筆久踈青玉案。論文忽上白雲樓。蕭蕭風雨春寒積。膴膴郊原小麥抽。自愧生平無好狀。相逢一醉復何求。

普渡橋志感　吳得訓

第四十四頁提入

竹溪溪水落長空，路關榛蕪輻輳同。綿亘何弗鞭海石，依稀半碧架晴虹。柳陰不用方舟渡，橋畔偏舍輿馬通。王政於今作夏令，千秋猶自憶程公。

登黃壇二仙宮　吴洪

巍峩仙闕峙村西，俯瞰人煙一望齊。樹疊龍鱗松韻遠，簷飛鳳翅竹林低。雲開殿閣遥排岫，月見亭湖半映溪。此景由來難再得，登臨乘興喜留題。

鷺鷥亭　姚錞

小結茅亭曲徑幽，鷺鷥坳外翠林稠。高峯崒嵂人初到，峻嶺盤紆馬欲留。曾向樹間聽鳥囀，遥從檻外挹溪流。

茫茫遷客淒其意，古道斜陽影半收。

題石龍山　　教授　張駿

向年悮雨被天嗔，謫下荒山化此身。怪石玲瓏多帶角，虬松夭矯盡生鱗。摹碑尚憶千秋蹟，放眼能收萬象春。我欲凌空發長嘯，恐驚風雨定[illegible]巡。

雲鶴堂講席　　真定城

吾生碌碌一青氊，欲買名山未有錢。愧擁皋比居北面，喜來幽境占西天。晨看雉堞烟霞滿，晚聽松篁鳥雀喧。博得此心清且靜，好和童冠濯流泉。

梅樹嶺　　毛之經

第四十五頁提入

岧嶤峻嶺鬱冥濛，高倚遥天一線通。拾級盤紆雲路近，
凌巔憑眺碧霄空。横臨絶澗形逾峭，直繞崇山勢獨雄。
行客無須愁載渴，梅林已熟翠烟中。

天禹山　葉之茂

渥洼有馬自天來，形駐荒邱秀色開。竟日嘶風黄葉裏，
昔年被駕白雲隈。晴嵐裊雄千丈，曉霧悠悠浪一堆。伯
樂當年搜未到，羈留巖畔不知回。

遊石龍寺　鮑知我

高臺日暮歸雲窕，湛湛禪心潭底月。諸界三千静裏觀，
因緣十二空中發。長公乘興陟虬峰，莊子尊生昇象闕。

藝文志　詩　七律

廬山僧惠遠）

第四十七頁提入

更憶山巔最上層翠微深處僧行滑
何處白蓮光閃爍松潭掩映東林月酒傾彭澤皺眉揚
鐘扣少陵深省發持偈近登般若臺看山遙見蓬萊闕
喜僧慧遠共追隨擊竹拈花龍窟滑

濛洲八景 中子祥雲 吳公選

祥光何處影繽紛巾子峰頭一段雲乍向空中連靉靆
還從碧落接氤氳蒼茫帶雨垂朝靄滉漾隨風照夕曛
記得仙人曾拄杖劉家舊事古傳聞

霞帔麗日 余塏

曾拋帔落仙家帔欲如山山映霞曉霽字開天曠潤

第四十八頁提入

晴嵐遠照日光華、黃花不避秋顏老、青草猶留春意賒、
色辨中央誰煅鍊、遺來疑自古皇媧、

百丈龍湫　吴公選

飛瀑懸崖一澗開、靈湫隱響輕雷、半天水欲因風急、
六月寒偏逐暑來、混沌無痕經劈鑿、神仙有窟任徘徊、
崇朝霧起山腰雨、噓氣隨雲徧乙垓、

雙潭石印　余塏

嶙峋片石砥中流、圭角天然一印浮、草色深時拖墨綬、
波紋皺處劃銀鉤、曾將山勢供圖籍、喜掃苔痕認篆
纍纍金腰應有兆、垂紳直上鳳池頭、

上應宗文志　詩　七

樹影

第四十九頁提入

石龍烟淨　吴公選

石龍山勢鬱崇隆。盤曲紆迴一徑通。山雨欲來秋色淨。溪聲遥送暮煙空。天開圖畫形難肖。古有登臨興不窮。試瞰層城頻眺望。渾疑身在白雲中。

雲鶴松陰　余塏

雲鶴堂中鶴已飛。百年世事想依稀。祇今惟有松容老。何處更看鶴影肥。客停午陰穿曲徑。僧來月下叩禪扉。林間莫訝鐘聲出。不盡濤聲遠樹微。

梅坳夜月　吴公選

梅因破臘爭春色。月以經秋帶曉寒。不見梅從中夜白。

第五十一頁提入

寧

偏宜月在古坳圍，香閒十里寧嫌暗，影入三更正未闌。最是山頭風景好，冰魂皓魄一齊看。

余塏

槎水春瀾

吴啟田

盈盈碧水繞槎溪，無限清波漲舊堤。十里濤奔沙白岸，千重縠皺板橋低。客疑泛艇纏星漢，人爲尋芳倚杖藜。風雨籬邊春意足，香塍一望草萋萋。

巾子祥雲

田嘉修

嵯峨巾子列晴空，瑞靄遥連紫氣通。錦障千層銜麗日，星橋百丈駐飛虹。烟浮露冕金爐馥，光耀華簪寶髻工。紈縵無心原不定，山靈應許古今同。

藝文 詩

第五十二頁提入

霞帔麗日　　田嘉言

山名霞帔寫春容，掩映晴光積翠濃。綠樹迎春風搖翡翠，嫣花含露簇芙蓉。曉簾初啓朝陽殿，繡帳還開白紵峯。更有一般堪比擬，玉環方拜紫泥封。

題舉水莊　　知縣 鄒儒

兩道長虹夾碧波，泉聲處處應絃歌。俗同渤海澆風易，世有澹臺古道多。知我催科愁不了，任人輸賦意如何。延陵禮讓今猶在，莫謂山城少太和。

道光庚寅四月偕馮廣文莚集諸生遊石龍山即席題和　　知縣 黃焴

癸酉春偶尔来慶見石龍之秀感作一章以誌鴻雪

王瑗陳公石

山色蒼茫鬱太空，崔嵬援地石成龍。蜿蜒千里神如助，鎮懾一方勢独雄。久望甘霖應作雨，須憐民疾将乘風。何年也許凌雲去，合刻紅箋一洗空。

俯看城市屋如鱗，郭外田禾嫩色新。翰墨機緣成結習，樽彝款識詎同珍。一行作吏難除俗，滿座高朋不染塵。此日望梅梅正熟，幾生修到是前身。

教諭　馮春潮

前題

不然咫尺未攀鱗，那識龍山氣象新。幸賴招呼逢叔度，愧無才調似僧珍。小花蠻榼攜佳饌，曲徑禪門淨俗塵。千里紀遊今更樂，撥雲高處置閑身。

前題

吴登雲

名勝石龍龍有鱗，偕登桂殿景翻新。蘿茶泉酒香偏遠，野簌山肴味足珍。綠竹風前情不俗，青松雨後淨無塵。

趨陪得遇點睛手喜聽雷鳴裕後身

前題　姚駒

龍山表異現龍鱗幾點靈光萬古新載酒有人情足羡
題糕無句味同珍野花開放岩增艷古木陰森徑絕塵
烟火滿城看不盡歸來猶擬任閒身

前題　葉之茂

石為龍骨草為鱗登眺名山景象新放眼雲烟憑覽勝
羅胸山海盡饈珍啣杯咳吐成珠玉染翰揮毫掃俗塵
愧我才疎無箇事何時得擬步雲身

步前任黄章甫登石龍山原韻　知縣吳綸彰

杖 仗字必误

老樹凌霄已化鱗山川秀氣一時新簿書未許追前步
奏績還期此後珍漫說筍郎心是月難忘范子甑生塵
欣逢歲稔民安謐贏得公閒省此身

步前任黃邑侯登石龍山原韻　教諭　池鏡源

山作龍形石作鱗登臨眼界一時新雄圖蟠踞千山小
勝蹟留傳片土珍笑傲烟霞拋俗慮流連詩酒隔囂塵
歸來吹落儒官帽慚愧琴堂布化身

雨後望巾子山　知縣　吳綸彰

羣山萬壑擁岧嶢霧縠霞冠雨後描瀑駕飛虹飲溪澗
峯攢神劍插雲霄松巖簿日開青障仙杖凌虛渡彩橋

迴首東南堪入畫。玉龍百尺瀉寒潮。

雨後望巾子山步吳邑侯原韻　教諭 沈鏡源

祥雲五色鬱岧嶢。雨後升騰望裏描。不復空濛遮遠岫。猶然朗霽豁層霄。分明老鶴離芝蓋。隱約長虹駕彩橋。吳毅使君心志喜。謳歌四起聽如潮。

謁馬夫人廟　知縣 吳綸彰

妙手空空出世寰。黃金白璧仰仙顏。掃除塵世千年刼。管領雲霞百丈山。儘有鏡臺傳石上。肯留巾舄在人間。即今蒙澤冠紳地。想象慈航日往還。

中秋登石龍山　知縣 吳綸彰

憑欄一覽色無邊高敞樓臺界百千眼入雲山秋似水
胸無芥蔕月當天萬家橘柚寒香（煙）匝四面芙蓉暮靄連
曲巷幾回清韻起臨風那得武城絃

丙戌登奎垣閣作　教諭　馮春潮　珠航

龍門高敞接奎垣共說當年出狀元累代科名何爲奕
諸儒理學有淵源桂花四季香留閣山勢千盤秀列園
瞻謁肅然心甚遠濛洲此日始停轅

步前任馮珠航先生原韻　教諭　沈鏡源

登臨高閣望星垣秀挹薰峰卜鼎元前輩風流傳竹口
神童井桂香坊遺址　斯文宗脈溯松源爽開佳日前臨郭香滿清

秋後列園、老桂四季花開最是龍山環右臂蒸蒸多士望推轅

庚寅季夏偕友人王紀常濟川訪勝宿吳氏半畝園

即事

吳興 沈丙瑩

山城不下陳蕃榻止宿延陵半畝園雨爲情殷留客嚴
蛙緣夜靜鬧鄉邨三三徑闢殊難忍乙乙思抽要細論
最是關心槐子熟西泠舊事話黃昏

巾子祥雲

葉之茂

朶朶祥雲出岫奇芳名元鼎恰相符雙峰插立連天啓
五色騰輝亙地垂化作浮橋空際出結成寶蓋靜中窺
何時復得崧靈降步武前賢文在茲

磨手嶺　王勳

巨靈擘破手磨霄，闕越遥通勝地標。走若蛾旋人得得，行如磨轉路迢迢。亭修世美常安憩，閣生觀音自止囂。巖險著夷資好善，口碑載道勝歌謡。

遊石龍山步吴邑侯原韻　吴履祥

名山何自結龍鱗，怪石磅礴重疊新。嶺上青松留古勁，亭邊翠竹秀瑜珍。遥聞鐘磬清餘韻，俯視山溪淨步塵。最是登臨逢好景，誰從明月憶前身。

西城彩煥長庚座　吴升階

順濟行宫告落成，重新建廡控西城。人烟稠密多來往，磵圳疏通繞送迎。野外逢耕歌小卯。樓頭懸匾煥長庚。

天然位置開圖畫。卻喜金溪夜月明

雨後望中子山步　吳邑侯原韻　吳大新

一段祥光映翠巑。空濛雨後景堪描。雙峯壁立開初霽。

夾道虹飛望遠霄。彷彿霓旌翻寶蓋。依稀丹仗護仙橋。

蒼茫瑞氣今猶昔。誰繼英聲湧若潮。

中秋登石龍山步　吳邑侯原韻　吳大新

何時昂首入雲邊。石化為龍勢萬千。最喜名山舒道眼。

況逢佳節醉花天。憑欄快覩豐盈樂。撫掌欣傳賦咏連。

丹桂芬芳清四座。心神怡處聽鳴絃。

重九遊石龍山　葉有文

黃花萸子似輿臺，句引閒遊到上台。攝屐提壺今日事，論詩作賦幾人才。雲中清磬聲聲徹，郭外秋山面面開。結伴同登多逸興，題糕應共此啣杯。

石龍山　吳侗

地鎮松源第一山，神龍蟠結到人間。一溪風雨生西澗，四面雲烟繞北關。嶺上松形鱗隱隱，雲邊鶴氅翠斑斑。恰欣出郭扶筇便，竟日登臨任往還。

登石龍山　葉之藩

何處蟠龍借此棲，時來攀步擬青梯。巍巍峭壁參天起，矗矗懸崖與岱齊，似帶玄珠臨澗水，宛騰碧漢駕虹霓。
亭前好景終無盡，縱目長空萬象低。

遊百丈山

葉榮蕤

百丈山頭勢最高，登臨到此興偏豪。丹成早見飛昇去，
地險宜知舉步勞。崩岸巖邊開古寺，潺湲水畔怒奔濤。
鏡臺履跡今猶在，令我摩崖一染毫。

棘蘭隘

吳佶

枕溪茅店兩三家，隘地由來錯犬牙。恰可桃邊撓棘刺，
難從竹外覓蘭芽。途分閩浙人聲雜，道阻桴航水勢斜。
借問關防何寂寂，太平已久靜邊笳。

舊志仗

遊百丈山　吳濆

仙靈萬古一朝昏。世事推遷且莫論。三徑松風珠履跡。半灣明月剪刀痕。爐烟裊裊連巖口。幔霧濛濛滿院門。亦欲凭虛窮海島。俯臨百丈莫窮根。

前題　鮑友仲

仙丈凌空絕世緣。至今縹緲望無邊。窈深莫辨陰晴候。繚曲難分冬夏天。履跡空存雲杳杳。剪痕惟見月娟娟。龍湫風雨驚來驟。靈跡千秋長浩然。

題姚村水口　邵體仁

通途曲折傍崇山。近隔村前二里間。突兀獅頭騰浪湧。

盤桓象鼻疊峰圜，常聞不雨溪聲急，卻喜非春樹色斑，水口生來裝好景，鍾靈毓秀擬仙寰。

百丈山懷古　　姚冠

層巒孤峭遠山巔，此地曾修五代緣，樹繞烟霞真似畫，丹成雞犬亦皆仙，鏡臺映月空千里，履跡穿雲入九天，幾載深情欣一望，振衣直上興悠然。

恭和章甫黃邑尊偕諸同事九日遊石龍山登豐樂亭亭　　田家修

豐樂亭高萬象收，魚鱗樓閣小濛洲，安身厭掃塵中腳，放眼常昂天外頭，九日爭傳桑落飲，七人猶是竹林儔

同遊之人鴻書忽聽傳青鳥、讀罷新詩興倍適、

題松源川　吳邦鑾

一望松源勢洸溶、春光靄靄十分濃、庭前古柏巢飛鶴、
岸上高橋起臥龍、濟水資靈靈間毓、蒼山拱秀秀頻鍾、
藏書萬卷推先哲、此日何人步往蹤、

百丈山　吳坦然

百丈峰頭別有天、登臨四望景悠然、層巒疊翠參霄起、
怪石嵯峨匝地連、滿徑蒼松青未了、一潭碧水靜無邊、
剪痕履跡今猶在、長使仙靈萬古傳、

題濟川古柏　吳濾

第六十七頁插入

空山古柏種何年、勁幹離奇尚嶄然、百尺高完金石質、
一枝秀挺雪霜天、多經歲月蒼苔厚、不讓松筠晚節堅、
羨汝大材樑棟器、須知到此老彌妍、

迴龍山　吳江

嶂疊雲封鶴洞開、城煙靄靄遠飛來、穿林碎月爭奇勝、
透竹斜陽映上台、洗耳泉邊窺豹隱、停仙石畔喜龍廻、
登斯覺路忘歸處、愧乏三都作賦才、

輓節孝姚母李太安人七律兩章　教諭 鄭之良

廿年苦節厲冰霜、母範真堪擬敬姜、秀毓閨中兼四德、
風清林下播三鄉、奉姑潔膳稱純孝、課子成賢有義方、

（補遺）

第七十四頁提入

忽訝鸞書降瑶島，慈雲縹緲月荒凉。

其二　　鄭之良

貞姿自昔著珩璜，留得皮全一字香。陶孟儀型今繼美，郝鍾禮法遠流芳。持梭入夜鳴機杼，采藻淩晨擕筥筐。從此彤編紀美懿，旌閭他日荷龍章。

題王伯厚先生故里　　知縣　楊炳奎

大名應立尚書坊，表里端推第一鄉。人是濂闗真道學，文爭日月仰輝光。傳來玉海紺珠富，識得忠肝鐵石香。故里河山同壯色，看花前度有劉郎。

道光乙亥八月宿嶺頭寺　　楊炳奎

補遺

補遺

補遺

不道松源一載餘。巉巖危蹬又驅余。山田氣暖秋皆稔。
水碓聲喧巧自如。小聰招提詢土俗。遙憐兒女續家書。
年來晴雨從人願。鼠雀澆風愧未除。

以上舊志

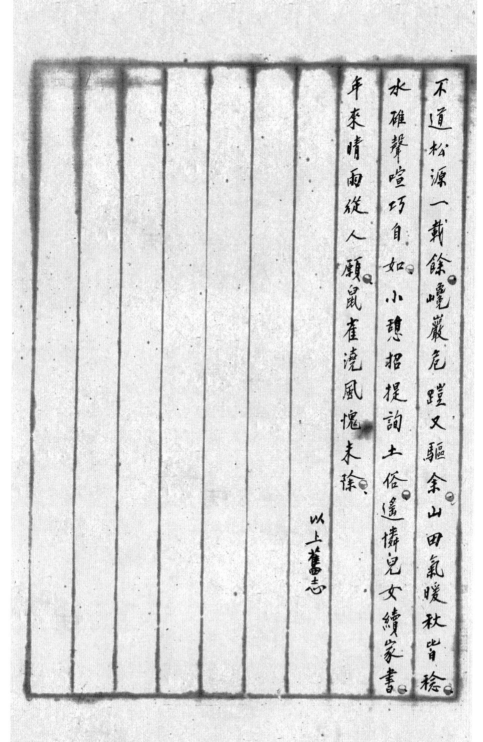

七律

訪性果院忠上人不值 崇禎處州府志寺在龍泉縣西六十里

宋 真山民

管嶺東風久杖藜，梅落香裏過招提。苔痕一徑白雲濕，枕影半窗紅日低。欲見高僧聊爾耳，便乘餘興去來兮。葛藤有話無人識，付與隔林幽鳥啼。

遊鳳棲寺 寺在龍泉縣東二十里

真山民

十載重遊古鳳棲，連甍新繞綠楊堤。欲談時事佛無語，不管閑愁禽自啼。苔滑空廊妨散步，塵昏老壁失留題。僧家田地隣家種，菜甲春風綠滿畦。

右詩采自浙江通志卷二百三十四寺觀九

濟川橋在龍泉縣治三百步　宋　真山民

十二欄干百尺階登臨洗盡眼中埃沙痕常與水吞吐橋影不妨船往來兩岸樓臺隨世換四山圖畫自天開槎邊今古無窮思都付東流酒一杯

右詩采自處州光緒丁丑舊府志卷三十詩篇

案上三首通志府志於作者姓名均繫龍泉亦以慶元未置縣以前慶為古松源鄉原隸龍泉後人相沿於慶元置縣後亦不為區分所以仍紀原縣縣名今慶志從事續修凡有關於本縣人者故急為蒐集列出以資更正考證

舉溪八景

月色晚翠

清知縣 王恆 遵義舉人

半月烟居半月山，松篁蔭翳抱東環。餘霞淡影林梢淨，
素魄光浮蘚翠斑。鬱鬱樓臺金鏡裏，蒼蒼松竹畫圖間。
橋橫桂闕仙槎近，緩步登雲興自閒。

雲泉曉鐘

百尺危樓倚碧峯，經童拂曙扣洪鐘。驚飛華表新歸鶴，
喚醒南陽舊卧龍。響逐泉聲穿竹徑，音隨斷靄出雲封。
乍聞頓覺塵心悟，卻欲霞栖訪赤松。

龍鳳雨橋

來鳳如龍號兩橋重關交鎖東溪腰月山銀漢垂清影
舉水金波落絳綃道濟自能爲普渡乘輿何用頻相招
殷殷寄語褰裳客從此江干被澤遙

文奎高閣

傑構巍峩一壯觀逢源書院偶凭欄雲飛嶂岫連天碧
閣聚星辰帶月寒璧詔遙通膠序水藜光遠映紫微壇
文纏牛斗奎還拱秀毓英賢佩玉珊

寶塔東聳

兀突玲瓏寶塔高凌雲文筆聳江皋前臨舉水遙岑俯
後控鰲陽爽氣豪恰應星躔羅巽位排來秀矚崎東曹

知君定是擎天柱，宿雨餐風勢不撓。

銀屏西峙

西山峭壁獨嶄然，砫似銀屏碧色鮮。春草生時圖有畫，秋雲靄處淡含烟。石扉深鎖江村秀，地障關藏水月圓。疑是巨靈伸一掌，移來鎮此不窮年。

龍湫靈液

名山靈窟有龍湫，天際飛來噴瀑流。萬點明珠光濺月，一條素練冷涵秋。虹霓貫日驚神鬼，蜃氣騰空射斗牛。為傍郎星胡侍講，封來三井壯南洲。

虎勝奇巖

怪石狰狰據險峒形如班虎伏山中欲成豹變文章美
先受鍾靈氣勢雄月映雙瞳明迅雹雷鳴一嘯起寒風
搜奇無限登臨興引我遐思入冥濛
以上八詩據舊采訪補

詩

七言律

戊戌九月蒲潭道中　　清知縣楊炳奎文躔

萬山環抱（繞）認濛州，石磴渾如蜀道遊。紅葉黃花悲笑傲，蒼松翠柏自清幽。幾（祇）因民事經風雨，詎為兒孫作馬牛。此日肩輿行得得，論官愧擬小諸侯。

張天口占

不經身試不知非，水懦何如火烈威。幹濟須推程不識，猷為合讓尹翁歸。也知坐井觀原小，生恐操刀割見譏。決起榆枋羞斥鷃，雲程湫湫羨鵬飛。

述懷二首　　清知縣楊炳奎

長安風景自紆餘捧檄濛洲劇迫余那有一琴懷趙抃
能無駟馬羨相如何時青眼看山色竟日白頭理簿書
萬里月明新有象故鄉丹桂發庭除
秋色澄清思有餘故人攬轡總先余山光滿郭青於染
水味同心淡自如百里偏羈龐統跡一封希遇魯連書
葭蒼露白添洄溯多少名流又拜除

疊前韻柬呂春泉廣文　　清知縣楊炳奎

金蘭相契歷三餘雅興輸君拙守余強自吟秋償結習
那能參偈悟真如山陬市遠無兼味文獻風徵少異書

好待從容公暇後一樽邀月會庭除

青竹催征一首

行行又歷幾山阿青竹儒衿青較多比户可封咸樂業
頻年何憚不催科風馴且喜平牛關政猛原非似虎苛
回首焚香衆耆老岱根村裏俗淳和

題青竹胡氏祠　楊炳奎

安定祠堂幾處新賢賢世澤自親親簷前鳥語冬猶碎

山上松濤夜聽真學在春秋維宋祚名齊濂洛等功臣

松源請縣君家事宋慶元三年胡紘公奏請立縣二水分流界辦閣

冬月夜雨宿黃沙寺

烟雨迷離路轉賒輿夫況瘁盼黃沙荒岩老樹雞鳴鳳

聳壑飛濤似赴蛇跋涉催科慚政拙殷勤撫字戒官邪

山行燈火紛前導又入招提禮釋迦

題張地何氏祠

枕山帶水好樓居，派衍清源世讀書。堪羨奚斯新構字，也應定國壯門閭。高年雅有壺觴約，羣季欣如蘭玉儲。冉冉寒香梅綻雪，揚州諸興足關余。

咏獅仔山　　清　范連相

山勢蜿蜒依復昂，張牙露爪勝豺狼。休疑烏弋貢來獸，酷肖金獅伏在岡。鈴鐸雷鳴宣吼氣，眼緣電映豁豪光。滾球搏象威名振，頌獻昇平翹首望。

咏花瓶潭　　清　范馨

形肖花瓶天造來，潭深千尺勢瀠洄。無香不事供書案，在浮[illegible]莫辭酒杯。月印波心疑玉膽，雪飛水面訝芳梅。

桃源杳塢堪追憶得此奇觀更美哉

南海禪院　劉存堉

古來僧院屬名山南海何須別處攀此境也非塵世界
這般即是普陀闍目空色相無拘礙佛在心頭自往還
靜裡已堪翻貝葉參禪不外性幽閒

平川橋　劉福洪

臨流每歎水迢迢路長經築一橋有客羨魚思結網問
誰停月撥吹簫高車駟馬來何日架木跨虹憶此橋利
涉大川非小補故將題額仰青標

前題　劉福洪

兩岸雲山依碧霄一川烟水望潘潘黃花翠竹環古寺
綠柳蒼松蔭畫橋建閣不妨巢燕雀投筆長擬釣金鰲
雨餘虹影波心起却訝馮夷露玉腰

張烈婦 案烈婦係義士蔡富勳妻勳卒後閨時甫大祥子又暴亡氏自經以殉有傳

龍泉榜元 吳世珍

半生苦節獨支持廿四年中志不移白玉猶存蘭石性
青春早賦柏舟詩千秋霜操山河共一片冰心天地知
巾幗豈無英偉氣好將忠義烈達丹墀

詩

七言律

百丈山

清知縣 丁良翰

百丈山頭棟宇高，馬仙姊妹紀遊遨。臺前明月思奩鏡，奩外清風憶剪刀。張敞眉休將妥畫，麻姑背豈為人搔。天台一樹紅塵染，洞口年年笑煞桃。

中濟村景

丁耀南

水秀山明別有天，小橋橫鎖一溪煙。山前白馬臨風嘯，井底蒼龍抱月眠（村有白馬山龍井，純是天然風景）。惠福無靈難降福，會仙有境好求仙。此間不是高人宅，定佐桃源入簡編。

丁酉登高雲鶴山 二首　　知縣 何文燿

君多情我多情同僚同譜又同城中靜謐民康樂各向兒童問課程書聲起琴韻歇荏苒流九月九月重陽在異鄉異鄉風景正難忘遊踪笑問宜何處雲鶴庵前桂子香人生有酒須當醉野蔌山肴意味長

簿書間暇來催銜把袂登高學孟嘉曾遇農夫談菽麥又逢老嫗話桑麻吟餘詩識採巖前菊醉後同煎寺裡茶屢慶豐年民氣樂歸時滿道笑聲譁

和前作原韻 二首　　教諭 陸壽民

天有情天有情不教風雨滿山城黃雲徧野豐年兆謳

徧山程與水程丹桂飄芳草歇秋光又過中秋月莫道
登高在異鄉異鄉佳節倍難忘主賓歡觴兼詠滿幅珠
璣翰墨香觀君多釀菊花酒堂上萊衣晝正長
體人情洞物情循聲卓卓滿濛城城東書院時陶淑霽
月光風見法程絃歌起囹圄歇琴堂惟對古時月月光
皎潔照他鄉載九不能忘茱萸遍插酒方熟落帽風野
菊香追隨杖履陪文讌宇下恬幪日正長

步前原韻二首　典史　孫效琛

寄我情繫我情秋高氣爽徧山城山中自有無窮趣豈
必蘆花水驛程征雁來鳴蜩歇紅樹青山移歲月歲月

悠悠似睡鄉韶華一去若相忘今朝重九登高望卻見
黃花滿地香香風吹到茱萸酒歡笑聲隨陶令長
龍山獻瑞護官衙碩德鴻才過孟嘉惠澤千年留竹帛
恩膏百里徧禾麻家家採菊醅新釀處處鋤苗種荼晚
節屆重陽逢樂歲絃歌併作滿城譁

步前原韻二首　吳炳文

山有情水有情屏山帶水繞孤城城南有寺名雲鶴九
日登高動客程遊興酣書聲歇官閒盡可談風月況逢
佳節在他鄉他鄉風景那能忘賓朋滿座杯盤雜吟到
菊花字字香鴉噪夕陽歸未晚琴堂仍若畫豈止長

贏得公餘放午衙重陽天氣十分嘉吟詩客至閒評藁
把酒人來細話麻偏步籬邊欣采菊同遊寺裡好煎茶
豐年屢慶家家足歸聽兒童笑語譁

步前原韻 二首　吳律聲

蘇有情白有情蘇白雙堤繞錦城我逢九九登高日曾
向吳山駐客程（時在杭垣會考）清風來雨聲歇湖邊最愛波心
月對月懷人想故鄉故鄉風景愈難忘寄問松源仙案
吏此間桂子為誰香來年未息勞人轍（謂須北上朝考）策馬燕
都路正長

清風載道出官衙民物滋豐處處嘉戴笠農夫登赤稻

來

佩萸稚子弄青麻，山家晏客惟餐菊，野老延賓用碾茶。
此日登高多樂趣，得毋落帽笑聲譁。

戊戌登高雲鶴山　　知縣　何文燿

滿山紅樹景依然，把袂未窺洞裡天。前度頻聞歌樂歲，
今朝又喜報新年。心祛俗累宜攜酒，日繫時艱好著鞭。
莫笑為官如傳舍，屢逢佳士亦因緣。

和前作　　吳其元

雲鶴山中景儼然，風光不異舊秋天。重游再歲臨兩番嬉卜呵以卦，
新路頻歌大有年。野寺堪觀攜菊酒，嘉會重逢欣把袂，公庭無事去蒲良辰適值快觴，
多情官長惟且最長與布衣契夙緣，鞭便宦稱父母君無愧，畧分言情話夙緣。

和前作　姚時行

行樂人生亦偶然登高何幸遇晴天題詩壁上懷前度

載酒山中傚去年為侍老親常辟呼又隨仙吏暫停鞭

願公久莅濛洲地歲歲追陪不了緣

和前作二首　吳律聲

惠普濛城歲月長今朝又喜屆重陽時和不慮催租擾

興熱仍開把酒場試院掄才設作育名山造士費周詳

政平訟理閒無事雲鶴菴前快舉觴

屈指重陽又一周羣沾化雨樂重遊石龍樹聳松筠老

雲鶴詩同禊莫修把酒掄才依舊事豐衣足食報新秋

宰官復作師儒表多士追陪和唱酬

和前作　吳樹聲

重陽令節云已然遣興登高別有天雲窩鶴松陰稱勝地
菊花酒熟正逢年簿書有暇欣連步案牘不勞喜著鞭
莫笑布衣誰與宴如公雅量亦因緣

和前作　吳樹芳聲

登高覽勝樂怡然雲窩鶴山中別有天會集群賢逢令節
聲聞四野報豐年人無俗累欣聯袂官得公餘喜著鞭
但願青梯連步上長隨仙吏結因緣

乙亥赴濛洲行橋　何文燿

民国壬申秋登雲鶴山讀何前令朗山吳君芳声諸佳作又讀陳獻猷緇雲次而和之
雲飛鶴舞兩悠然
鶴入雲端款上天五色成文徵此日六年潦
韻賡當年登高痛飲茱萸淫步後塵
芳祖遺蹤借問題樣刻阮家山中石上證前緣

藝文志　詩　七律

濛淤砥柱挽狂瀾，傑閣層簷得大觀。百尺橋飛虹掩映，雙溪環抱水團圞。僧居古寺鐘聲靜，人倚危欄月色寒。我欲乘風兼破浪，凌空長嘯白雲端。

和前作原韻　　清典史　孫效琛

清漪濛水勢翻瀾，百尺虹飛壯巨觀。仍舊規模添錦藻，鼎新寺宇抱團圞。善緣自此頻增福，廣廈居然大庇寒。我與諸君陪暢玩，傳杯索句快多端。

和原韻　　吳其中

濛淤蕩漾爍銀瀾，較舊輿梁倍壯觀。二水交濛稱砥柱，羣峰向抱聚團圞。巖危月到遲疑早，峻嶺風生暑覺寒。

舉步橋邊頻入寺　茹茶分滴寫毫端

和前韻　　吳其慶

濛淤河道慶安瀾　重建輿梁壯大觀　夜静時聞風鼓盪
更深喜看月團圞　縱逢浲水終稱便　即到炎天冰也覺寒
但願千秋長鞏固　句留騷客寫毫端

和原韻　　吳其元

濛淤一帶瀉狂瀾　向作輿梁本壯觀　天道無常曾折斷
人功可恃復團圞　憑欄玩水雙溪匯　倚檻迎風六月寒
更喜橋邊開佛寺　東西輝映接雲端

和原韻　　吳律聲

濛淤河水繞洄瀾，兩道兼收壯大觀。重建輿梁梁鞏固，新開佛寺寺團圞。風飄院裡襟懷暢，月照橋邊氣色寒。到眼情形堪入畫，揮毫寫景正多端。

和原韻　　吳芳聲

派滙雙溪起疊瀾，橋成往代本堪觀。祇因劫火遭焚落，幸有人功慶復圞。日出煙清風覺爽，更深夜靜夏仍寒。羣懷此處多佳致，寫景欣然吐筆端。

和前作　　吳溶

橋因里號曰濛淤，展布鳩工踵故墟。仍舊規模宏鞏固，重新棟宇拂清虛。山疊出傾啼鳥，澗水雙濛動魚躍

齊豎菴觀開甲馬接修道路快回車囊捐善士資無量
利便行人樂有餘我本先緣貽末裔橋於嘉慶年間本祖昌興公倡首復建
私心克遂竟何如

和前作　姚其昌

橋梁高架碧天空路透濛淤一望中捲入蒼烟連郭北
分來紫氣自城東山青不改當年色水漲全憑近日功
人傑地靈資佛力重興寺宇表神通

詠石壁即事　吳律聲

高懸石峭如壁然石壁名垂亘古傳漫詡巒山峰推峻絕
還誇澗壑蕩漪漣關心聽鳥天機暢放眼觀魚快意便

滿岫排成松闥翠，周江漾出水晶鮮。難教俗伍尋真趣，止許智仁領妙筌。莫謂濛區無勝境，爭因點綴久求全。

乙亥登高石龍山　清知縣　何文爟

聯袂登高挹酒漿，笑談佳會又重陽。官閒更得萸囊健，民樂尤知稻飯香。數載交情如故舊，多年旅況作家鄉。願開廣廈培寒士，（邑中士子向有以先代犯姦盜案公請扣考者，現擬勒碑永禁，以免阻人上進。）莫把猜疑話短長。

和原韻　吴律聲

石龍峙山湧醴漿，追隨勝地賞重陽。盈亭共話倉庚樂，斟酌頻嘗菊酒香。畧分言情叨渥誼，胞民與物惠窮鄉。

登高我亦陪歡飲但願濃恩普慶長

又倒和原韻　吴律聲

百里謳歌孔澤長福星照護比仙鄉勤勞教育循聲著
感格神明郅治香又是登高逢九日依然陪宴賞重陽
躬承化育沾濡久屢沐殊恩勝玉漿

和何文燿邑侯九日雲鶴山登高　吴炳文

從古名山不在高臨登市井俯週遭陶情令啟重陽宴
乘興先題九日糕坐愛楓林聯勝侶閒遊菊徑集時髦
白雲深處禪關寂撫景流連寫彩毫

咏諮議局調查　訓導　嚴漢清

餞送諸君出四鄉調查應各遵新章議員自是憑公選
資格還須細較量風氣未開人裏足日期已迫我牽腸
但求大局無妨礙好與吟詩泛酒觴

宿平壇吳氏村舍

清知縣 王慶芝

數椽茅屋傲山谿幽寂何妨客借棲春試香茗來宅北
醉邀明月到窗西每談世事看蒼狗共話桑田聽曉雞
尤喜主人情意重慇懃相見杖扶藜（主人年七十餘策杖來見）

和前原韻

吳律聲

平壇屋舍近清谿作伴重遊好寄棲依石成村環左右（該村又名巖塔背屋下多係巨石名大巖故云依石成村）沿山築戶向東西高談促

坐時揮麈地主留賓為殺雞主人殺雞款待幸附文星陪末座何殊照讀有青藜頗有文人風

遊石龍山誌詠四首　王慶芝

龍山高聳偪城闉，第一茅亭結構新。洗盞便教斟綠酒，振衣却不染緇塵。客來座上都非俗，鳥囀林間倍覺親。猶喜今番腰脚健，攀登莫計石嶙峋。

步上層巒近碧穹，千尋峭壁插雲中。巖頭雨過松針翠，谷口烟含槿蕊紅。屏卻簿書來法界，招邀風月入詩筒。一官愧我如匏繫，偷得清閒學醉翁。

亭前淺碧長莓苔，為問仙人策杖來。山半有亭名曰問仙一塢白

雲開世界四圍青嶂絕塵埃遙看山色濃如黛近聽泉聲走若雷著履頻穿松徑曲流連勝地足徘徊

倚欄兀坐好風薰小讌今開酒半醺活火試烹香茗嫩啣山猶戀夕陽曛投林有意看飛鳥出岫無心笑朵雲我輩遊蹤隨處寄他年佳話記同羣

和前四作原韻　吳律聲

家家烟火列城闉上有龍山景色新高聳仙亭饒雅趣勝遊佛寺滌纖塵一官治奏昇平樂多士懽陪笑語親千里目開空世界重巒叠巘起嶙峋

稠疊雲山接上穹振衣快步綠陰中前林雨過頻添翠

平野花開尚映紅對飲相將攜酒錢臨流何事把魚筒。
吾儕共荷幃幪福。借此稱觴祝主翁
踏殘山石徧蒼苔幸與高賢把袂來亭曰問仙超俗境。
官稱循吏黜浮埃。羣沾德化如時雨。不尚刑威振疾雷
從此名山添韻事。追隨遊屐共徘徊
瑤琴一曲譜南薰小憩林皋酒已醺拂袖迎來風覺爽
啣杯忘卻日將曛明公心徹如懸鏡絕頂峯高恍入雲。
略分言情叨厚愛遊。蹤許我伴同羣

和前四韻原韻作　　　　姚文林

爭迎首夏出城閣。步上龍山氣象新。訪古偏宜尋碧落

探幽更不著紅塵四時佳景春秋換一座良朋臭味親
此日追陪凌絶頂奇峯怪石見嶙峋
絶似蓬萊接上穹人烟俯瞰市塵中秋田過雨參差綠
古樹含暉掩映紅圖畫便教飛彩筆情懷聊復寄詩筒
蘭亭漫道空千古繼起而今有此翁
層層石磴鎖蒼苔正好閒遊結伴來雨洗林間開畫本
泉飛樹杪少塵埃滿城柳絮飄如雪萬壑松濤走若雷
仙蹟空留亭翼翼臨風惆悵首低徊
登臨劇喜趁南薰勝餞躬逢被酒醺領略風光拋俗慮
流連景色戀殘曛數株樹頂籠蒼靄一帶山腰束白雲

小憩林亭真足樂，好尋飛鳥作同羣。

和前四作原韻　吳文典

招我追隨共出闉，石泉槐火一時新。青山重疊皆宜畫，緣樹參差勿染塵。平野花香原不俗，隔鄰鳥語自相親。今來雅集多清興，步上龍山怪石峋。

層層絕巘近蒼穹，風景無邊入望中。日照松林添嫩翠，霞烘花徑認殘紅。刪除俗慮尋幽境，消遣閒愁醉碧筒。一任登臨憑矚眺，聯吟何幸有詩筒（翁）。

幾番游屐印蒼苔，今又從公策杖來。境地偏能饒逸趣，衣襟那得染埃（塵）。山深雲密常疑雨，洞古巖虛應薄雷。野

藝文志　詩　七律

草間花看不盡風光如許好徘徊
愧非佳士可香薰雅識叨陪酒共醺天際霧開明遠岫
林間烟障淡斜曛千章古木滋春露四面奇峯罨夏雲
兀坐此間忘世慮洞仙應許與同羣

留別濛松源　朱炤

我到濛洲近半年依人事業付雲烟渾無案牘煩胸次
喜有琴書供眼前孫綽重來年五十嚴光遠去路三千
萍踪從此成陳迹留得泥鴻亦夙緣
無端遽送一帆風拋卻家山歲暮中愧我才非朱仲晦
笑人心是衛靈公此身未學糊塗訣作客翻成感慨衷

倒

熱血滿腔無處灑願為紅豆滿江紅

石龍雲鶴勢嵯峨令我登臨發嘯歌諮議局開研究會

普通學備速成科芝蘭本有同心訂歲月都從異地過

自恨年華臻半百此生精力早銷磨

添來霜鬢髮蓬鬆對鏡何堪憶舊容家世自慚傳白鹿

文心漫說是雕龍有緣到處聯好友無限深情話舊蹤

寄語諸君莫惆悵西湖湖畔會重逢

和朱焰君留別松源　姚庚

幾生石上訂同年話別匆匆遇柳烟君且雄飛帷幕外

予終免侍講臺前詩囊倒出編三兩藝苑吟成氣萬千

老眼無花胸有竹相彈古調絶塵緣
剛逢麥隴布香風忽颿先生出座中路黃鸝辭舊友家
傳白鹿繼先公鵬摶銀漢留深願驥伏鹽車話苦衷把
酒談詩情不盡渾忘兩岸夕陽紅
公之志氣本巍峩欲向重闈擊節歌忽改文場緣罷考
總留貢樹復開科羨君棘鎖曾膺荐愧我杭州未得過
絳帳高懸終坐老祇將鐵硯自穿磨
村夫笑我鬢髮輕鬆醉裹依懶冶容雲管四區勞走馬經
談兩級望成龍泥封待報擕罇候尺素遙傳認筆蹤此
別雖然千里隔還期異日得相逢

留別松源學校　　雲和　饒翼

轉瞬同堂又一年，分飛勞燕劇堪憐。傷心淚灑花間雨，
慘緒愁拖柳外煙。鶴夢暗通游釣處，驪歌忍唱别離天。
何時重剪西窗燭，共話巴山意黯然。

慶元雜咏　　邑人　姚文林

世界那知漢與秦，羲皇以上稱斯人。秋風葉落僧縫衲，
春日花飛客坐裀。編竹作牆遮鳳尾，剝松爲瓦庇龍鱗。
此間也是桃源境，漁父何從覓隱淪。
環慶皆山面面遮，倚山架屋幾人家。門前有渡名桃葉，
郭外無村不杏花。每見衣冠存古處，多培竹木作生涯。

編氓大半艱衣食
比户居民戒侈奢

重過化成寺

訓導 嚴漢清

去時行過化成寺，入扣山門久不開。今日重臨如有約，老僧衣舊未曾回。登樓覽景秋先到，隔院無聲風自來。是色是空誰領畧，偶思題句雨雲催。

舉溪八景

月色晚翠

清知縣 王恒 舉人 遵義

半月烟居半月山，松篁蓊翳抱東環。餘霞淡影林梢淨，素魄光浮蘚翠斑。欝欝樓臺金鏡裏，蒼蒼松竹畫圖間。桂（橋）横桂闕仙槎近，緩步登雲興自閒。

雲泉曉鐘

百尺危樓倚碧峯經童拂曙扣洪鐘驚飛華表新歸鶴
喚醒南陽舊卧龍響逐泉聲穿竹徑音隨斷靄出雲封
乍聞頓覺塵心卻悟欲霞栖訪赤松

龍鳳兩橋

來鳳如龍號兩橋重關交鎖東溪腰月山銀漢垂清影
舉水金波落絳綃道濟自能爲普渡乘輿何用預相招
殷殷寄語褰裳客從此江干被澤遙

文奎高閣

傑構巍峩一壯觀逢源書院偶凭欄雲飛嶂岫連天碧
閣聚星辰帶月寒璧玉詔遙通膠序水藜光遠映紫微壇

聳

文纏牛斗奎還拱。秀毓英賢佩玉珊

寶塔東聳

兀突玲瓏寶塔高。凌雲文聳從江皋。前臨舉水遙岑俯。後控鰲陽爽氣豪。恰應星躔羅巽位。排來秀曜峙東曹

知君定是擎天柱。宿雨餐風勢不撓。

銀屏西峙

西山峭壁獨嶄然。砳似銀屏碧色鮮。春草生時圖有畫。秋雲靄處淡含烟。石扉深鎖江村秀。地障關藏水自圓

疑是巨靈伸一掌。移來鎮此不窮年

龍湫靈液

名山靈窟有龍湫，天際飛來噴瀑流。萬點明珠光濺月，一條素練冷涵秋。虹霓貫日驚神鬼，蜃氣騰空射斗牛。爲傍郎星胡侍講，封來三井壯南洲。

虎勝奇巖

怪石猙獰據險峒，形如斑虎伏山中。欲成豹變文章美，先受鍾靈氣勢雄。月映雙瞳明迅電，雷鳴一嘯起寒風。搜奇無限登臨興，引我遐思入冥濛。

以上八詩據舊志采訪補

得月樓

邑人 胡德明

四面淩虛一小樓，憑欄竹翠月當頭。村圍缺處琴音婉，橋鎖圜邊畫景幽。兔窟無蹤樵子覓，蟾宮有影美人留。

盤年半壁無升落，足供高人一世遊。

前題　　邑人 吴逢祥

把酒臨風御小樓，天然圖畫合昂頭。閣閣撲地炊煙淡，松竹參天景色幽。星斗眼前星可摘，月山頂上月句留。年來守拙多孤寂，此日登臨遇舊遊。

前題　　柳景星

月山更有月明樓，高壓村莊峙屋頭。插岫蒼松遙掩映，憑欄翠竹足清幽。珠簾捲上光先到，銀燭燒殘影尚留。翹首青雲梯可接，遠人悵望慶同遊。

江根前八景　　吴篤生

閒騎天馬走西東　只見石獅卧月中　遠聽雞岑鳴曉日
遥觀樵子掛高峯　閒知書院烹唐句　説是禪林勝漢宮
瀑布有聲誰得和　泉琴一曲奏南風

江根後八景　吴求基

觀音無故要乾坤　放出金龜鎮水源　點化山峰爲虎象
粧成石鯉跳龍門　曾招飛鳳鳴西室　又遣前山守短垣
造得華亭閒一眺　方知九曲護鄉村

江根地勢　吴子聘

閒來倚眺曲江樓　勝境形如一葉舟　左右環山膠自密
中邊繞水載還浮　峰爲棹櫓撑胡底　雲作篷帆掛未收

更得風搖松竹處儼然趁勢逐長流

誌公立圖書館開幕　　知事　江宗濂　安徽旌德

開闢鴻濛溯太初包涵萬有是圖書一樓風月梁玄圃
四壁雲霞漢石渠建築經年勞土木蒐羅遠道費舟車
名山也喜張新幕分外濃裝異彩舒
乙部琳瑯記首倡文翁布化敢相望祗慙扛鼎孱無力
卻喜燃藜燦有光卜式輸財知忼慨李昫守柱亦聰强
量移捧檄行將去為慶貞元一舉觴

黄壇水口　　里人　李之賢

沿河屈曲數重山長繞吾村水尾間突兀獅頭銀浪湧

彎斜象鼻石峯環，雖然未雨灘聲響，何止於春樹色斑。
溪口生來關鎖好，無邊靈勝擬仙寰。

舊誌采訪

庚午重九偕韓祕書守餘登石龍山觴飲

（縣政府建設科長）瑞安 童汝淦 公遂

登高直上石龍巔，俯瞰城闉萬戶煙。楓葉秋深紅欲脫，
菊花霜後白爭妍。好將樽酒酬佳節，莫把韶華付逝川。
落帽題糕遺韻在，何妨勝會樂天年。

雙鳳御書二都官塘　里人（清庠生官塘）吳鵬飛

層巒曲折復崔嵬，環列幾疑畫軸開。不道一書天遞下，卻從雙鳳口啣來。聯肩雲際呈佳氣，將命塵寰蔚異才。昔集梧桐鳴盛世，今賡藹吉傍雲隈。

迴龍古寺二都官塘　里人（清歲貢官塘）吳廷槐

白雲滿塢覺幽深，半點紅塵不許侵。貝葉經翻傳竹韻，天花雨散蔭松陰。清風明月如來意，碧水青山自在心。靜向迴龍欣玩賞，晨鐘暮鼓引知音。

藝文志　詩

石龍山 七律　　邑人 吳廷獻

一片巖山號石龍，朝朝暮暮有雲從。甲麟隱見迷烟樹，頭角崢嶸插漢峯。靈氣每添晨氣潤，吟聲應帶雨聲濃。濛洲勝跡洵稱最，千載遊觀不厭重。

前題　　前人

閒氣摩空此地鍾，崚嶒石爐化為龍。頂天穹是池中物，破壁陡開雲外峰。賢令衡文成往事，清康熙邑令李秉纖集邑中諸生吳鑑臣李炷肇於石龍山肄業每逢二日躬臨衡文一時多士景從千載稱盛防軍作戰紀新蹤。民國二十年十月四日駐慶省防軍營長陳公明禦大刀會先期調集軍隊扼守石龍山及與大刀會作戰槍彈憑高射下勢如雨注大刀會傷亡多人遂失敗四竄教頭睥睨世無可，兀鎮

山城山萬重

以上新采訪

五言絶

源隆庵　王綸

山峭雲常在，泉幽韻更清。岩松多秀色，山鳥少凡聲。

龍濟庵　葉璋

山奇惟見骨，樹老自多嬰。一榻萬松邊，坐看雲水靜。

以上四志

仙臺 以下四景俱在中濟 蔡允中

臺高名百代，仙蹟留千載。日暮一童歸，橫吹卧牛背。

龍井

井上一老松，當年化成龍。龍去不知處，只有白雲封。

石鹿

臨流攀石鹿，撫弄自多情。試問橫波者，何年食野草。

雲巖

巖勢逼雲霄，雲來巖隱伏。天風吹不斷，白馬空中逐。

新采訪

七言絕

文筆山　　季時英

亭亭筆勢欝蘢葱。影蘸清池氣吐虹。雁陣遥分微辨字，雲箋乍展欲書空。

琵琶山　　吴濶

翠巘潺潺響石泉，秋風嫋嫋入鳴弦。閑樽坐聽風前韻，疑在江州月夜船。

斑代山　　知縣　程維伊

翠壁丹崖飛白波，銀河一派落平坡。青蓮好句今誰嗣，携向山前擊節歌。

叙雲山　　葉贊然

古洞嵌嵚鎖白雲春山晻靄散清芬坐來猿鳥聲俱寂
獨有飛泉隔竹聞

仙桃山二首　　知縣　鄔　儒

飛濤掛壁月藏窩石上碁枰類爛柯見說仙桃紅滿樹
身非曼倩奈如何

自知俗吏夙緣慳幾費登臨總枉然願把簿書燒破盡
好攜丹竈碧崖前

白雲洞　　吳興孝

霜林淅淅葉聲乾着屐登山破曉寒磴繞〻盤凌樹杪

泉飛百道掛簷端。

桃卅溪　　葉孔舒

青山不減謝公墩。新柳垂絲映遠村。最愛桃花臨曲澗。
何須更覓武陵源。

棘蘭溪　　夏懋蔭

蒙茸夭棘蔭芳蘭。翠繞層巒竹數竿。長似春深經夜
雨飛流一道捲風湍。

竹口溪　　知府　孫文儒

渡口臨門晚繫舟。當罏止宿頓心留。重樓參差竹樹垂簾暗。
嫋娜香烟下榻幽。

竹坑溪　姚文焯

清流曲曲抱城西，夾岸猗猗竹影低。秀色滿前飡不盡，當年猶號古金溪。

過竹溪　鹽驛副使　徐綿

峯巒層疊樹陰森，到此應忘出世心。堪笑我今成大隱，入山惟恐不能深。

石龍潭　知縣　楊芝瑞

龍潭碧石影靜涵虛，竈（龜）石渾凝洛出書。更羨清秋明月夜，一泓深處漾芙蕖。

銅鉢潭　吳鳳翔

清溪雪色湧飛湍。潭影澄空玉鏡寒。都似衲僧操一鉢。箇中疑有老龍蟠。

褒封亭　吳抱素

炎節歊蒸暑氣侵。暫留亭畔息層陰。褒封事遠人何在。惟有青山閱古今。

魏溪亭　葉韡然

一派溪光灎灧波。亭臨曲澗枕岩阿。清風明月誰消領。隔岸時聞樵子歌。

掬水亭　吳履亨

瀲灎清波注碧川。沿堤芳草更芊綿。憑欄步憩渾忘

憑

傳聞數浮鷗戲水邊、

明　筶亭　周渡津

絶巘危亭走野貙、芒鞋踏破北山隅、披襟欲坐誰同調、掠地風來一影孤、

迎春亭　季時亨

歲序推移臘復春、調和玉燭此方新、亭間忽聽鳴春鳥、恰是東皇布德辰、

西山頂烏石亭　吳垣

憑高一覽衆山低、俯視郊村烟景迷、石磴盤空淩絶頂、白雲猶存下方棲、

西山亭　吳樹駿

西山高聳石嶙嶙，澗影溪光入望新。亭上白雲都掃盡，斜陽一抹照遊人。

憩雲亭　吳甯庚

微茫山徑遶岩扃，林木陰森草色青。閑坐此中誰作伴，流雲片片擁孤亭。

翠微亭　吳敬中

大地春回緑正肥，青山環拱映朝暉。眼前秀色堪留憩，好似江頭坐翠微。

來鶴亭　吳崇仁

亭高遥望白雲飛，山石嶙峋行徑微。跨鶴仙人何處去，至今猶望鶴來歸。

泐石亭　周之鼎

誰將鬼斧辟層巒，振策何愁行路難。四面雲山誰是主，此間好作畫圖看。

勸農亭　葉克棟

大有何能歲歲書，還須東作勸耕鋤。亭前一望千畦綠，始信豳風語不虛。

風舞亭　姚煌

習習和風自可人，迷離曲徑孰知津。水邊霧隱花千樹，松際雲、[illegible]月一輪。

上洋亭　周景尹

原隰畇畇分上下，亭前花竹秀而冶。騎驢遥渡古樓東，詩思忽來提筆寫。

八角亭　胡嘉孝

地聯閩浙此中分，八角玲瓏掛夕曛。好景看來皆入畫，四圍山色一溪雲。

聽鹿亭　吳文元

亭横碧巘賦同行，徑轉山腰望眼明。彷彿鹿鳴岩谷畔，呦呦聲細入風清。

藝文參詩　七言絶

小蓬萊　吳千泰

覽勝臨流步北隅，雙虹橋畔數金魚。蟄龍千百忽驚起，停看甘霖徧地攄。

砥中閣　吳炳昌

狂瀾萬頃注龍湫，捲雪奔雷滿綠疇。幾見堤成還復壞，於今誰復砥中流。

覺林寺

吸泉撥火此山中，一縷茶烟繞竹風。忽見斜陽開晚色，相將待月出林東。

石獅堂　吳之騏

迴

涼露娟娟秋過半，蕭疎黃葉飛慢（閒）禪關不許俗人敲，
啼鳥數聲來枕畔。

白蓮堂　　吴王舒

禪堂晝靜碧雲攢，雨過紅蓮花半殘，猶有清香來曲沼，
山光潭影儘盤桓。

萬壽庵　　葉咸章

秋盡閒登般若臺，僧房閴寂掩蒼苔，山飛空翠雲光
過（迴）木落霜黃眼界開。

萬松庵　　余勳

鐘聲帶月出花宮，香靄霏微蔭碧空，孤鶴長鳴松色

藝文志詩　七言絶

老遠山半掩暮烟中。

勝隱菴題洗耳泉　葉潛

崖際寒泉入峽鳴，清音細細耳邊生。幽人初向山中宿，錯聽琴彈古曲聲。

勝隱菴題鶴洞　吳王聞

何人養鶴煉金丹，鶴去山空澗水寒。把酒不妨拚一醉，踏霜歸去月團團。

勝隱菴題停仙巖　吳冲

石壁嵯峨高接天，凌風玉佩去何年。閒心已識遊仙意，日日看山便是仙。

勝影庵題瀑布　周九如

翠屏千仞勢巀嶭絕一道清泉飛玉屑激石濛濛生白烟
彝空點點散晴雪

源隆庵　葉枚

照妄須燃大智燈法堂雲護碧層層林泉蚤已聞簷
香
萬谷鄉音從知斷葛藤

天堂庵　姚家蔭

危峰削石翠如屏竹有留題石有銘昔日遊人何處去雲
山終古不磨青

海會庵　葉海棟

以上旧志

原本第四十頁提入

第卌四提入

曉色初開萬綠屯，鐘聲出水又黃昏。歸來夢曉青岩路，修竹林間酒一樽。

豐樂亭　葉邦勲

豐樂亭中景最幽，蒼茫林樹白雲浮。四圍山色青如許，一帶烟光翠欲流。

題濟川社學　吴楠

服古入官先正名，岐途亂正害非輕。梧桐百尺常棲鳳，不許鴟聲雜鳳鳴。

得月樓　吴先經

山閣半月恰當頭，景色時時總是秋。我亦近來興不淺，

第四十四頁提入

此樓應得似南樓

渡槎溪　吳匡選

層波疊浪水聲喧，十里溪流一氣奔。我欲乘槎隨漢使，不知何處是河源。

第四十五頁提入

濛淤橋　張恪忠

峯巒環抱鎖溪聲，百丈流虹飲澗橫。我欲招尋題柱客，長門恰喜倩長卿。

第五十二頁提入

石龍烟淨　田嘉修

驤首天衢第一峯，烟消露滴紫苔濃。登臨渾似乘風去，俯視雲山幾萬重。

第六十頁提入

槎水春瀾　田嘉言

溪水滔滔遠接天。山花兩岸夾晴烟。果然從此探源去，迴想浮槎又隔年。

佛榻龍鱗　吳登瀛

東雲見𠂆西雲鱗。神物由來妙入神。幾點留傳方丈地，那教人世露全身。

遊百丈山　周大成

山名百丈何崔嵬。當日仙蹤何處來。履印剪痕遺跡在，長同瀑布挂蒼苔。

萬松菴　恭依前志四世祖余勲原韻　余銑

第六十二頁提入

萬松環繞映禪宮涼影森森滿院空欲識遺踪何處是
片雲孤月有無中

磨手嶺　姚樹檀

巒山高聳足如蛾走憶昔歷屬名磨手此處何年仄徑開
而今載道膾人口

文昌閣　吳球

紫薇宮闕靄雲霄十二欄杆一望遥共仰奎光聯碧落
千秋祀典奏簫韶

題育嬰堂月桂　嬰　姚緒

月中移下庭中栽引得天香入而來好向嬰堂承雨露

第七十頁提入

生生不息笑顏開

道光歲次戊戌四月既望重修禹侍郎廟告成謹

誌七絶　　　　訓導　章　復

誌闕難徵宋與唐，里居勛績兩茫茫。歸來雲外華亭鶴，

碧落頭銜領侍郎。

享祀春秋疊鼓祈，荔丹新曲擬羅池。兒童也識毛戣事，

不待蒼涼問古碑。

前題　　　　洪時濟

靈跡昭垂祀玉田，而今貌（廟）貌更巍然。憑依豈在觀瞻美，

只是人心報德虔。

以上四誌

補遺

補遺

重

七言絶

清知縣 丁良翰

數椽茅屋環一帶青溪四面山花落桃源知避世不隨流水到人間

讀李肇勳公遺詩有感登石龍山諸作　邑人 吳逢祥

邑志公有登石龍山絶頂大古閣問仙亭樊公祠準提庵諸作

今讀詩章如見人低徊往復溯前塵準提庵趾今何在準提庵在東隅桐山下清順治四年時縣公建今廢花雨繽紛杜自春公建庵賦詩有花雨繽紛之句

書生面目親民官公暇閒游喜汗漫知是謫仙身

藝文志詩七言絶

詩篇不厭百回看

宰慶纔經一兩年公於清治二年到任四年被難無端大難起於犬死

生度外家何有成敗休輕論昔賢

子死父兮妻死夫清順治四年建寧兵亂七月十九日闖賊雷時鳴犯縣執公殺其三子妻自縊事固至慘而一家殉節迄今凛凛猶有生氣令人起敬一家慷慨盡捐軀為民

守土為民死取義成仁道不孤

五言絶

朱塢　訓導嚴漢清

游行無復紫陽後，猶留西山一脈存。想是遯翁真遠遯，故教元定獨成村。

印坵　訓導嚴漢清

數家高住碧峯頭，四面雲圍樹樹秋。漫説此間無長物，一規涼月印山坵。

大澤　訓導嚴漢清

此次游行大澤中，翻疑釣有子陵公。停車遠望河如帶，念念難忘始祖宗。

弔李肇勲公夫人死難　　邑人吴逢祥

義烈光貞炳兩間，當機立决死生關。婦人也解瓦全恥，愧煞懦夫應汗顔。

姓字未留節凛然，邑志未載李夫人姓氏。剛腸俠骨石同堅。追隨仙吏長空去，李公登石龍山絶頂有漫道仙凡終自隔於今拔宅可同看之句是李公在時已隱隱有仙吏自待之概故云。死重泰山一字傳。

城南文昌閣留題七絶　　癸卯　丁良翰　佑宸

數椽茅屋白雲環。一帶清回溪四面山。花落桃源知避世
不隨流水到人間。

和前原韻二首　　吳律聲

文昌閣裏屢遊環。覽勝城南水與山。多士追陪歡大庇
欣依廣厦萬千間。
成人文教亦循環。塵土能容仰泰山。廣授生徒衣鉢付
買書入選待秋間。

庚戌春竹坪開校路過濛淤橋留題四首　　清知縣　王慶芸

藝文志詩七絶

出門徧地是雲山山到濛淤翠半環間立橋頭頻眺望
盈盈一水傍溪灣

茅菴僻靜遯居吾輩流連樂有餘爲愛此間山色好前
頭分付且停車

開軒小憩向林陰樽酒言懽足賞心多少塵懷俱滌淨
泉聲入耳似鳴琴

青山對面笑相迎一路看花逐隊行今日鴻泥留爪印
詩成應許壁題名

和前四作原韻　吳律聲

松源到處是雲山山色青紆四面環行至濛淤橋下望

（時與王公同往）松風流水一溪灣，濛淤祇有數家居。野老耕夫慶羨餘，自喜此間幽僻好，勸人少歇暫停車。

美

堂開有美結層陰，傍水依山愜素心。午宴追陪添韻事，（在濛淤少有美堂陪王公午宴，水聲鳥韻頻來耳邊，殊覺別生景趣）鳥聲清脆勝彈琴。

廣開佛剎吉祥迎，結構輿梁利旅行。但願千秋長鞏固，句留騷客著詩名。

遊石龍山

吳逢祥

最愛名區紀勝遊，綠林深處任句留。凌雲來遂登高願，行到山腰便少休。

半月山　吴懋學

月出天山始上弦緣何掛在杏梅岡要將東土成香國
桂子一邊落野堂

攀溪内四景　吴鶚

羽毛鱗介都稱長麟鳳龜龍是四靈自昔先民欣有作
今於永錫攀溪名

攀溪外四景

漫道烏雲來暗月銀屏聳列在門前中央筆架峯排列
雁塔高標象萬千

飛鳳山

冲霄萬里下高岡，梧茂桐生本向陽。聽得喈喈鳴不斷，只因此地好徜徉。

天堂山　吴詩傳

登山涉嶺陟天堂，四大巍峩似金剛。上下高低羅漢列，人間亦自有西方。

白馬山　以下六景俱在中濟　蔡允中

南望石獅猶未醒，西來白馬亦無聲。祇因世界昇平久，故放空山不入城。

華蓋山　原名涼傘塞

高峯特立勢浮空，絕巘撐霞華蓋同。避地無兵准草木

頓令枯骨戴仁風

麻姑樓

聞説麻姑仙亦奇，霧鬟風鬢曉參差。秋聲瑟瑟管玉成韻，道是樓中解珮時。

石柱峯

孤峯聳聳勢擎天，磊落星奇帶曉煙。願借他山勸我志，棟樑自是玉堂仙。

桃滙

劉郎去後暗銷魂，花竟無言泛水渾。若有胡麻流飯屑（遇武陵人再訪），此間應作小桃源。

楓源

蕭蕭落葉滿林秋，錯認桃花逐浪流。惆悵吳江心有憾，當年何不到源頭。

前山筆架　吳啟勳

天然筆架案山前，五色雲鋪次第箋。擲管他年誰應詔，應符好夢筆如椽。

元旦得雪誌喜　阮埥 紹興

歲乙未元日，彤雲密布，六出紛飛，瑞兆豐年，四民歡忭。慶人有言十餘年來得未曾有。知事旌德江公因民而樂，次日招飲于東門外之藏書

樓志喜也不可無詩以紀同人因戲仿神仙詩令人各一言姚君酉山胡君竹溪史君朗泉吴君酉清姚君歷山及余迴環倡詠得七絶六首存之

十年一雪深三尺喜聽衢歌徧老農天意呈豐無限樂千倉斯富萬家春

相逢萍水千山裏北海筵開笑語同起視乾坤銀一色悠然飛絮又濛濛

子婦家家慶有年紛飛此日占春先玉龍遊戲因人事喜教由來得感天

今雨忻同舊雨來，窗開面面興悠哉。圍爐環咏仙人令，好句還須醉百杯。

新歲偏逢樂事多，武城處處有絃歌。坡仙喜雨還堪醉，記喜雪今朝更若何。

高樓崒屼接層霄，萬卷圖書聚百朝。樸棫人材欣濟濟，好從蘇海溯韓潮。

坐新棠访

藝文志 詩 七絕

五言排律

輓節孝姚母李太安人五言排律十四韻

訓導 王壇

緬昔膠庠彥，傳家駿有聲。奇男生使獨，佳婦質原貞。琴瑟調絃靜，縹緗佐業精。無何鸞驂別，從此鶴孤鳴。萱草愁將萎，蘭芽惜作萌。回天推在志，支廈最關情。俯仰能兼盡，嚴慈可並行。晨饈馨菽麥，夜課燦燈檠。一鶴真超軼，三珠足抗衡。佇邀金闕獎，遽駭玉峰傾。竹隕斑痕濕，鵑啼淚血盈。廿年完苦節，百世永芳名。璞自全其美，人無忝所生。闡儀堪厲俗，繆句擬鄉評。

道光歲次戊戌四月既望重修馬侍郎廟告成謹

補遺

第六十八頁提入

謬

誌三十二韻　知縣沈中楠

仙靈（昭）顯赫濯，衆志洽微茫，五制惟功重，三垂不朽長，雙奇偕娣弟，百丈隱巒岡，職果專司禮，人皆話侍郎，能傳嘉譜切，自得美名揚，莫事搜周漢，憑將道晉唐，銜方尊紫闥，術早覺黃粱，烈比銅為柱，祠成畫是彊，后田揮碧落，前代塑丹房，屈指難枚舉，銘心不悉忘，反風維刻桷，撲大拯雕梁，暗使僧開戶，音驚婦隔牆，能擒欄下虎，勝斷里中羊，細節誠堪誌，豐功更莫量，年年留（流）疾疫，子婦被災殃，默祝三條篆，虔求萬卷方，藥非除紫蠱，效遠過青囊，且可回乾澇，兼能禱雨暘，四時調玉燭，萬寶慶金

第六十九頁提入

穰盡受風雲護誰教烏鼠傷鳩工看恐後蚨聚躍如狂
創建東西屋重修上下堂川庭增舊制歌館艷新粧鵲
賀規模樹翬飛氣象昌辛祈鼉擊鼓辰告兕稱觴伏臘
人咸集觀燈夜未央談經誰設帳飲福邁薰香額頌山
陵壯神爭日月光如椽慚未有弄斧遜無遑瑞應榮生
柳歡騰蔭在棠兒童祈輦固父老樂康強勿替繩繩引
常留百世芳

前題　教諭　呂榮華

百丈仙靈著神威仰侍郎一門推競爽五季藉推詳晉
爵官卿貳酬勳擢部堂錫名雖未顯肇姓已先揚新息

跡

功追漢長安客記唐溯原知貴族考績紀甘棠舊祀徵
天啟重修值道光家鄰胥浦里蹟煥后田鄉反大奇雖
測回風力愈彰禦災兼伏虎捍患並驅蝗旱潦平千載
和甘降百祥豐亨同受福保護孰為殃祈禱誠胥應繁
昌願自償鳩工新畫棟燕賀集雕梁闢地通三徑岩模
建兩廊竹苞山鞏固松茂殿軒昂縣治分由宋碑文記
自湯吹柳迎伏臘擊鼓祝馨香司鐸慚無補高歌興更
長盥薇稽祭法敬詠侑霞觴

以上四志

七言古長律

咏松源形勝　長律　　陳南

松源勝地接龍泉，枕倚薰山帶瀨川。六隘堅牢奇且阻，
三鄉鐵甕斷猶連。石成龜印雙潭裏，瀑壯龍湫百丈巔。
千里巒從青霄插，半天嶺向白雲穿。梧州屏翰西南障，
閩嶠巖疆遠近聯。井里村莊岩谷畔，衣冠人物古皇前。
家多圖籍涪風著，邑有弦歌雅化宣。覽蹟問圖何處是，
雲林石谷筆難傳。

四志

第四十一頁提入

詞

題延陵周鸞姑暨媳季氏雙節 調寄倚孤鸞

知縣 蔣 潤

綠縭剛結，何照戶三星暫明今夕。詰旦理粧，早哭樂昌鏡缺。勉順高堂義訓，不遂初心，死同穴。伯姒夢熊分乳，嗣續綿瓜瓞。佳婦佳兒甫長，罹蘗痛，天奪寧馨中道又折。姑矢柏舟志，媳並懷清潔。共歷饑荒兵火，六十餘年如一轍。允沐天家寵錫，表一門雙節。

以上四志

尋黃河源 一剪梅 季之良

一道黃河萬派傾向說崑山今越崑山水從鹽海班班
瀠見彎環 待得尋源蔥嶺間阿兄何艱阿弟何艱如
今簡詔仙環綏我攸關保爾攸關

豎桅巔末 賣花聲 季之良

闈幟拔濛洲卅四年頭宗田資斧相兩賙富貴功名花
月樣鏡水含羞 祠桅豎邊瞰龍族吾籌伴來咱往壯
先猷義舉滿城 嘆季子又有名流

釀泉井 十字令 季裕

井井淒清潔淨簷廡欄竹作纏圓成規象隱涵星景美良

藝文志詞

遍亭湖村。鑿閘月角境。留他客宴誰家。忘卻帝力自幸冬冬曙寒烟人烟籠。夏午風韻泉韻冷。牆外孤樟覆局陰涼。坪裡天燈映水夜炳巖穴潺湲久釀甘醴味。溝瀆環繞不污青石影朝朝暮暮攜瓶隨汲攸宜。左右上下抱甕瓦歸來俄傾。

詞

留別慶元父老　調寄金縷曲　儀徵知事程文楷倚聲

到此經年矣逐春來復隨春去韶光似水憾我輇才無卓識堪笑素餐如此又風雨徧災疊至驀地烽煙連角起看松源父老驚何似撫心問如芒刺白雲長灑思親淚念家山迢遙千里魚鴻阻滯朝夕思歸歸未得都因蝸名匏繫盼飛到官書一紙好息仔肩還海上祇未允素願猶難恝從今別權留字

公園八景　調寄望江南

草堂聽松　研廬倚聲

風景好瀟灑最宜秋煮石評茗留古意飛觴邀月醉[illegible]
樓韻事數從頭 調寄望江南

球山遠眺 前人

風景好山小覺林深煙樹迷濛藏別館蝸牆隱約認邨
岑指點翀人尋 調寄望江南

茅雲住雲 前人

風景好樹木影婆娑一角茅亭香草集半泓池水玉魚
多小坐意如何 調寄望江南

石龍聳秀 前人

風景好山色鬱巃嵸石磴參差人影淡煙鬟羅列路旁

通好去問仙蹤　調寄望江南

仙客留蹤　露潤倚聲

風景好亭外碧闌凭棋局一枰敲石脆松風滿袖拂琴清仙境似登瀛　調寄望江南

花徑尋芳　仝前

風景好花徑半弓畦萬種奇葩排卍字一叢瘦竹隔疏蘿香露濕沾衣　調寄望江南

澄潭倒影　蘭錡倚聲

風景好門對石龍潭流水半灣涵倒影晴雲一片鎖層嵐煙柳更毿毿　調寄望江南

疎林瀉月　　仝前

風景好古木碧參天新月斜穿鋪碎影好風微度瘦以肩覓句任留連（調寄望江南）

以上新采訪

（謳）

出差衡州途中口謳

清邑人 姚鈞培

仕途情狀不堪述，齊人一章被孟子神形曲肖上。甚麼衙門拜，甚麼同寮，不如磨起墨，閑起筆，抄幾篇舊稿，洗起手，焚起香，彈幾曲古調，淡飯菜羹嘗慣了，聽二鼓睡到雞叫。我本是山林中耕夫樵子，那裏能垂紳縉笏冠帶上場，只因釜甑生塵，無以為養，父債千金必須償，祖田數畝頃刻難忘，因此上折腰屈膝來到乂澤三湘也，有何顏見屈子先生面。湖南差使我若何州縣討些生活，或可支持，奈我曾朝考有名，覆試保和殿

能引見用知縣俸滿也多時只因屢試落孫山住京

五載兩番往返力盡筋亦疲就州判職冷官卑怎好心

顏啟齒有無多寡且由他自苦自知　我也曾分丞湟

陽論起缺較可他人皆可我獨下非是我沽名矯廉

為天理難欺君恩難報良心難假因此上一載期滿贏

得一本詩詞宦囊中依然是我　願蒼天助我正道而

行如願而歸老母在堂膝下長瞻依菽水亦甘肥青氈

坐我雲鶴山中看翠微今因出差衡州道途中目擊心

悲隨筆謅幾句爾道是耶非

新采访

歌

黄壇忠孝堂歌　　邑人　李之良

大堂大匾標忠孝祖訓煌煌崇名教三倫君父爲最重
舍此他端作空鬧忠孝兩字只一源血性天成如發酵缺
一不可以爲人高厚恩深要報效他處之匾孝云云茲
怎和忠用大嗃仰觀可體先人意莫徒吾伊佳學校六
經胡言皆糟粕不敦實行一不算數老我求道愧未能畧
觀羣書識一稍萬卷堆中擢此人久棄八卷使生鈔無

力未付摩沙木雖知覆瓿還自樂期爾後賢各奮興詎
讓前賢獨騰趠出處荀遵斯圖訓定有丹陛恩紫泥詔璀
璨綝鄉寵榮增廟貌

以上東界坊

藝文志　歌

石龍山歌

第三科主任 安徽旌德人 江夔

神龍蜿蜒王氣鍾，渾身鱗甲披重重，不知是何年月日飛來此地，突作萬丈之奇峯。上有潑天之雲霧，下有拔地之杉松。大局安危尚莫宗，何不九天翔彩翼，又何不九淵寄潛蹤，而乃嶄然露頭角，長與石黿雲鶴相折衝。招引詞人和墨客，爭攜蠟屐扶羌笻，戒腰頤健足尤矯。幸與胡君竹溪、阮君惠齋相追從，攀藤捫葛牽衣上，豁然開江月拓心胸。俯視全城如指掌，鱗鱗屋瓦炊烟濃。問仙亭子仙何在，只餘古寺寒雲封。君不見昌黎大聲歌石鼓，又不見東坡長嘯記石鍾。唯此山石態雄傑，修髯戟戟張蒙

萃相對軒渠發狂笑驚倒兔鶻與蟹蛩方今奇才世罕

逢石龍石龍尔非庸山安得化身千萬億抱仙骨吐英鋒

一一跳盪幻作人中龍

以上舊采訪

莽

賦

濟川圖賦

明知縣 沈維龍

甌閩分土松源誌鄉漢魏兮鴻濛唐宋兮啟疆寧宗錫萬氏族方張人繁物夥山迴澤藏地鍾其瑞氤氳莽蒼人挺厥靈豹隱鸞翔陰霞帳陽堆谷岸嶼紆其皇陸前白蓮後白鶴旃檀拂於阿曲迺乃若天馬岝崿於霄漢冠頂巍峩於亭毒積源於層嶂重巒之嶰迸泉於削玉懸崖之隘觸石噴泄怒濤奔派然後滙為清泓轉為迴瀾分燕渚出龍潭千溪萬壑而西為赴海之端此濟川之可望而遡也迴龍內扃捍門鎖黛東曰仙桃茂木鬱葱

皐蔓

滫瀡

塵

黃公逢之羽化丹鼎寄仙踪西曰薰錦對峙豐峰異樂隨乎天仗三橋架於長空市垣聳文筆之奇輔疊頡捲旗之峯環回面而揖拱合二水以朝宗其土則丹青白坩其石則砥礪珷玞其卉木則蕙圃蘅蘭射干芎藭其異類則鷺鵰騰遠謝豹鵁鶄衆物居之不可勝紀其遊觀則曲欄危榭怪石芳池雲承綺棟霓掩繡櫨清泉湛於中庭肉芝產乎疎籬情暢意怡東皐西畦原隰曼衍篝簍潰汙夏熟黃雲秋殖高庾于時瑁筵修髓劍佩珠履清風滿座雄譚揮麈四方之賢俊峨章甫而曳華裾摛章染翰錦心繡語此都雅博大之高致也望濟之名

宗貴士有之朝絃暮誦家詩户禮執讓撝謙策勳帝里聯軒結駟此人文彙征之盛作也望濟之儒紳俊髦有之四衢九達跨闠帶澗白叟黃童雁行臚列男舉趾婦辟纑宛卯之鷺羽不值懷春之吉士何慕敦本尚行相友相勗晏息蚕作株守其户此淳龐古始之遺俗也望濟之父老子弟有之於戲斯民也時澆獨淳時宄獨賢豈其本性之殊異夫亦風氣之相沿嘗悲蜃市之樓臺不久瓊璃之盎甂不堅時澆時宄孰與望濟之葆靡乾樸而喁喁乎擊壤之堯天歌曰高岫兮神棲危構兮雲齊素封兮連畦鳳翥苞兮麟異趾芝有苗兮椿有萱溪

藝文志 賦

含碧兮天上下山憑空兮月東西後賢接武兮擅英奇
龍騰蚪踴兮耀雲逵樹德兮發山川之靈秀人傑兮際
元會之昌期

鏡山賦并序

清教諭孫之騄

暮春之月百草萋萋顧望有懷不能自遣乃步出東門至於後田沿溪行水光泓澄儵魚出沒於清潭歷歷可數土人曰鏡溪也岸多大杞紛敷蔚藹夏月清涼揚素波以濯足蔭垂以為蓋徘徊相徉游精域行里許過丁步上沙洲見羣峯嵯峩壁立中有小山焉平圓如鏡之在架上土人曰此鏡山也山路紆迴迤邐有亭翼然樓

真武山賦

黄壇村名山人鐵笛老 王日華

臥谷子號雲叟稱散客著芒鞋踏木屐胸羅萬卷之書性染林泉之癖絶磵幽巖窮搜極索登上堂林之墟見而異之揖其鄉之人而問之曰斯何地也曰此古所稱真武山也者氣佳哉鬱鬱葱葱據案稱雄辭樓下殿遠祖中峯盤旋屈曲將軍坐洞華戟貫頂瀟灑玲瓏溫垟一線峽走幹龍乍伏復起興營換宗列帳疊疊張旗重番胚胎結體巧奪天工三台突兀插漢凌空左日右月拱護隨從到堂逆轉木星當衡古所稱真武山者也臥谷子聽之揶揄雀躍而賦之其辭曰翳翔惟山之綺麗兮像

藝文志 賦

旆

玄天之出殿峯岦岌其嵐清兮川瀠洄其路轉枕絶巘
而疊龍鱗兮懸飛瀑於足練面芳膝而撫黿山兮跨長
虹於郊畇尔其乾門闢坤門閉玉印低浮金箱外衛蟻
聚兮蜂屯旆揚兮節擊遠則龍樓鳳閣窅靄迷離近則
几金魚悠揚超遞乘白鸖而青峯廻環越雄雞而湛盧
附麗則有巒頭逶迤澮道縈紆喑鳴蟬翼瀲抱蝦鬚草
則幽蘭芳芷木則蒲櫝隰榆柞蕥不得而槎伐薪蒸不
得而採樵譬若蘭亭撲右軍之記還如輞水描城摩
詰之圖賦畢鄉之人還揖卧谷子且請爲記誌曰惟山
奕奕兮厥名真武季子之壟兮亭湖之祖毋使羊跳

礱

閣差參隨勢下上綠苔分徑蒼岑對室佳木美卉蔥蘢翠巒每晴開曙景天風斂黛俯聽鏡潭之清泠目眺廛市之鱗華平楚蒼茫恍然在目噫是山也高不出羣峰之上而獨以鏡名其體是陰陽之爐鑄化工之鎔範有私於造物者矣乃爲之賦曰

視形責影能見形容視人行事能知吉凶鏡之爲用萬象昭融拂拭斯明塵垢延蒙豈若茲山不藉磨礱至靜德剛含物化光凝耀烱烱散彩洋洋不將不迎應藏粲方同實錄於良史隨善惡而是彰魑魅逢之而立辨魑魅匿影以潛藏山雞見而起舞海鳥集而翱翔惟鏡之

藝文志 賦

明可以鑒形惟鏡之清可以洗心清本不濁明豈能昏不濁不昏故能籠百態燭无垠上洞玉清下徹太寧日月並曜星辰列陳大哉鏡虖豈徒章山之銅鑄而成質抑亦大塊元氣結而爲山者虖是以君有鏡以平政臣下必簡臣有鏡以勵節在邦必聞若夫山不稱嶽谷不出雲屯亘千古泯滅誰論玉鏡況埋蔓草縱横禽鳥栖陽熊虎匿陰寒泉懸涌浚湍浇帶林薄叢籠幽蔚隱藹東方曼倩見而稱曰惚兮恍其中有象杳兮冥其中有精洞碧空其何際湛清潭其絶底鸞舞翩於曈曨龍怒鱗於清泚淮南王曰旨哉大夫之體物也

以上四志

斧斲[斫]兮傷墓門一木之枝與一坏之土

朱塢村賦

邑人　周維庠

梧桐百尺彩鳳展翅巖谷千層高士曳屐何羨大邑通都亦多山陬僻地智者擇里處仁君子行路由義吾廬可愛且謂陋室之銘爾地非偏堪為史乘之誌原夫浙水之東括蒼之屬松源之北朱塢一局朱叶離火之象塢為窈窕之形松篁暢於其地風月霽於其庭崔古龍牙足徵物產羽毛竹箭可入山經蓋其崗號巖峯猶然毓秀寨名黃金寶自鍾靈也故雖人路參稀地勢傾而鑿崖闢險不等鳥道羊腸路轉峯迴何用拔榛斬棘柳含英兮春芳可尋榴放花兮夏景生色秋高桂爽拾

級登臨冬煖圍爐安居處默可以負耜而橫經可以出
作而入息宜其鼓腹興歌渾噩而忘帝力者矣余乃[illegible]
陽世系蔡氏吉人卜築於此聚族為鄰土角流金地[illegible]
長兮家富文峯拱秀山氣清兮俗醇客山有情喬遷者
力厚主龍不薄安堵者福臻豈曰蕞尔仍舊不可煥然
聿新也哉爰為之歌曰入茲邨落兮景況別形似燕窠
兮天工設左右修竹兮翠環列坐中佳士兮見明哲畊
山鑿井兮用不缺誦詩讀書兮多俊傑追蹤九賢兮展
鴻烈表揚閭里兮稱閥閱

以上新采訪

修築玉田里路記

東郊之外有里玉田，壤接城闉，界連縣治，為往來東鄉之孔道。行商坐賈，販夫走卒，咸集中於此，貿遷有無，夙號商業繁盛區也。乃路政不修，市廛湫隘，一如城市。鋪户之侵逼，公路窄小，河流之纖濁不講衛生，而且亭橋高下，拾級不齊，距壤交錯之儔，久失蕩平，何由之路。覘風土者每引以為病，況當此黨國訓政時期，銳意建設之

日恝然漠視可乎哉邑令黃公蔚羣於重
修城路竣工之餘毅然繼續斯役乃集彼都人士
而議之詢謀僉同爰召工匠伐石培土凡基礎之堅固
向積之擴充河道之疏濬莫不加意經營復於
適中之地建市場三處仿古者日中為市俾得
其所交易而退之義時肇工於新紀元十有
八年夏及冬而藏事款不甚鉅而工且速成上
自里之后碓中迄吳宅姚家門下直接於東門外

大路計長三百餘丈背坦然於周行視履之下焉

是役也總其成者黃大令而分任其勞者里紳吳文

典吳鍾材姚宗沏姚韶朱存忠也渻備書凡費

白鏹千六百有奇里之民捐資之數列碑北

計開捐户姓名

中華民國十九年仲春立石

邑人姚文林撰

【民國】慶元縣志採訪錄

【民國】慶元縣志採訪録　二卷

[民國] 史澄章 編輯　民國抄本

史澄章，江蘇宜興人。民國十六年（一九二七）三月至五月任國民黨慶元縣黨部籌備處主任，爲國民黨在慶元縣首任負責人，曾任縣財政科科長等職。文學才能頗高，書法水準頗優。生卒年及其他事迹待考。

是志共二卷，卷一爲封域志，包括疆域、山川、水利和古迹，卷二爲建置志，主要介紹慶元城池、秩統、衙署、市井、街巷、鋪舍、鄉都、倉儲、坊表、橋渡、堰坡、亭閣、賑恤、自治等十四個方面的情況，約二萬字。

是志在采集舊志所載基礎上，加之親自尋訪研究後，綜合編輯而成，故謂『採訪録』。全面詳細記述了慶元縣民國時期封域和建置方面的縣情，并在叙述每方面以及每條目之前，先對該方面的源流、沿革、重要性等做一簡要綜述和評價，再注明『編輯史澄章識』字樣。

是志以舊志爲基礎，并與前志相比較，凡不變、增減、變化之處皆注明，使人一目了然。其中《建置志》部分，除仿照舊志列目十三條外，爲全面反映時代狀況，新增『自治類』一目，主要介紹慶元民國時期各級自治會，包括縣自治會、城鎮鄉自治會、教育會、宣講會等情況，爲前面所有縣志所無。

《慶元縣志採訪録》手稿本現藏於浙江圖書館，二〇一一年，國家圖書館出版社在編印《浙江圖書館藏稀見方志叢刊》時，將之編入第四十一册。是志據慶元縣檔案館收藏原稿翻印版影印，每頁十行，行二十六字，小字雙行。黑口，四周雙邊，黑魚尾。版心鎸『慶元縣志採訪録』、卷次、卷名以及『曲竹山房畸筠齋翻印』字樣。全書品相完好。（李巖）

慶元縣志採訪録卷一

封域志

疆域　山川　水利　古蹟

疆域

郡縣之設昉自封建分域辨守古之制也然古封建公侯儉於百里今郡縣小邑倍於公侯以今方古足徵治之難而責之重矣況乎慶之境宇三面聯屬為浙外蔽寧治者當方辯從因地制宜講武安民敷政施教不以里程之經晝何以措置而被以是則疆域之法不宜力求詳備者歟

編輯史澄擘識

縣在甌海道西南六百八十里達省一千三百十里達京師五千四十里

東距西二百三十里

南距北一百二十五里

東南距西北二百六十里

東北距西南一百五十里

東南廣二百三十里

南北袤一百二十五里

東至福建壽寧縣雙港界九十里至其縣治一百九十里

南至福建政和縣徐溪界五十里至其縣治九十里

西至福建松溪縣木城界四十里至其縣治八十里

北至龍泉縣小梅界九十里至其縣治一百八十里

東南至福建壽寧縣楊从基界一百五十里

東北至景寧縣沙溪界一百里至其縣治二百里

西南至福建政和縣上安溪界四十里

西北至福建浦城縣官庄界一百十里至其縣治一百七十里

按以上里道悉照舊志所載但當時未經測量所书亦僅得

其大概耳

東門外印臺山門路程計幹路一枝路四分記里道如左

幹路

上洋橋　自東門外東行過后田市曲曲至此五里六分

外橋　自上洋橋東少南行過古樓廟折而東北復折而西曲

曲至此六里一分

濛淤村　自外橋東南行越雁嶺（嶺高三十三丈）過松風亭曲曲折至此八

里一分

岀巖背村　自濠滃村東北行於西東南曲折過五大保村至此七里

榅坳村　自岀巖背村東南行渡溪至此八里一分

嶔頭村　自榅坳亭東南行過松羣墩村及官局村至此七里二分

横嶔村　自嶔村東過北行越嶺西嶔嶔高二六丈至此九里七分

梅坳村東　自横嶔村東過南行過石磨下村越梅坳嶔嶔高七六丈至此十里六分

九鍾崗坳　自梅坳村東首東南曲曲行至此七里七分

魚頭嶺村　自九鍾崗坳東南行於西東至此九里與福建壽寧縣分界

枝路

喜鵲隘　自上洋橋曲曲東北行越喜鵲嶺（嶺高三十二丈）至此六里叁分

西洋村　自喜鵲隘東北行折而西北復折而北少東至此八里三分

梅坳嶺　自西洋村北少東曲曲行至此十里三分

梅坳　自梅坳嶺東北行越十八折嶺（嶺高一十四丈）過梅坳村折而北少
西至此七里七分與龍泉縣分界

護龍亭　自外橋曲曲東北行過蘭溪橋越梧桐嶺（嶺高一百一十五丈）至此十
二里五分

青草嶺頭　自護龍亭東北行過甘露寺至此十二里九分

上烏坳亭　自青草嶺頭東少北曲曲行過庫坑村至此十里八分

黄土洋村　自上烏坳亭東北曲曲行至此五里九分

聚秀亭　自黄土洋村北少東行越黄水嶺嶺高六十八丈至此十三里八分

蛤湖村　自聚秀亭東行過久佳洋村折而東少南至此八里九分

蛤湖隘　自蛤湖村東北行至此二里三分与景寧縣分界

滁前村　自青草嶺頭東行折而東南曲曲至此七里

田頭村　自滁前村曲曲東行過庫山村坳頭橋折而東北至此十里

周洋村西　自田頭村東行過南洋村折而東南曲曲至此十二里

圳頭村　自周洋村西首東南行過大楓坳嶺頂嶺高七十一丈折而東曲曲至此十里九分

官塘村　自圳頭嶺東南行折而東少北至此十七里五分

白柘洋村　自官塘村東南曲曲行至此十里五分

雙路亭　自白柘洋村南少東行過白柘坑村曲曲至此八里九分

巖前橋　自雙路亭東南行至此四里七分

沙洋村　自巖前橋東少南行過琴山南麓折而東北至此九里八分

杜山村　自沙洋村東少北曲曲行過大塆村至此六里八分

白磘坳址　自杜山村東少北曲曲行過三龍石村至此十里七分与景寧縣分界

東坑村　自黄土洋村東北行至此六里九分

秋村　自東坑村東行越東坑嶺（嶺高五十八丈）折而東北復折而東至此八里三分

湖邊村　自秋村東少南行至此五里九分

界亭　自湖邊村東行折而東北至此四里九分與景寧縣分界

山碓村　自縣秀亭西南曲曲行折而西北至此七里一分

齋郎村　自山碓村西南行折而西北至此八里五分

楓樹坪村　自齋郎村西北行至此六里九分東北通枝路之路湖村

花籃亭　自楓樹坪村西北曲曲行至此三里二分與龍泉縣分界

枝路

楊溪亭　自濛淤村東南行過郎當墳曲曲至此十四里

黃榴村　自楊溪亭南迴西行至此五里六分

舉溪市　自黃榴村南行至此六里五分

魚川村　自峯溪市東南行過壁田村至此十三里六分

田溪村　自魚川村曲曲東南行過蓬家山村折而東北至此文里二分

八炉村　自田溪村東北行過石洋坑村曲曲至此十二里九分

魚滌鮮村　自八炉村東迤南行過横嶺村曲曲至此八里二分

上涉洋村　自魚滌鮮村東南行過雙溪村折而東北至此九里五分又北行折而南復折而東北五里二分至九錠山岡坳入

幹路

枝路

黄沙村　自榅坳亭北迤東曲曲行至此六里九分

桃坑村　自黄沙村東北曲曲行至此八里一分

楊桥坑村　自桃坑村東南行折而東北復折而東南至此七里四分

九畄山南麓　自楊桥坑村東少南行至此六里九分

岱根村　自九畄山南麓東少南曲曲行至此十一里七分

左溪村　自岱根村東北行至此六里七分

轄竹村　自左溪村東南曲曲行至此十五里七分

石塘村　自轄竹村東南曲曲行至此六里四分

岡根村　自石塘村曲曲南行至此九里八分　西北通龍泉之梅均村

通壽亭　自岡根村東北曲曲行至此六里六分

青田隘　自通壽亭南少東行過青田村至此五里八分与福建

壽甯縣分界

南門外即濟川門道路計幹路一枝路一里程如左

幹路

大濟村　自南門外東南曲曲行至此三里八分

派石坑嶺　自大濟村東南行至此五里七分

上山坳　自派石坑嶺南行過白鶴溢至此四里七分

余地村　自上山坳南行至此四里三分

陳村　自余地村南少西行至此六里

楊任亭　自陳村南行至此四里五分與福建政和縣分界

枝路

路亭　自派石坑嶺北行折而東南曲曲過瓜豆山南樣嶺至此九里五分

東山沒村　自路亭北行折而東南曲曲至此五里

楊家樓村　自東山沒村南行折而西少南曲曲至此八里三分

門樓沒村　自楊家樓村曲曲南行折而東至此九里一分

洋頭村　自門樓沒村南行過富樓源村至此八里

洛嶺村　自洋頭村東行折而南曲曲至此六里六分

塩蒼村　自洛嶺村西南曲曲行至此六里四分与福建政和縣分界

西門外甲董阜門道路計幹路一枝路二里程如左

幹路

下庄桥　自西门外西少南行折而南迤逦至此五里一分

下坞村　自下莊桥南迤西行至此四里三分

山跶洋村　自下坞村西南曲曲行至此〔十一〕八里〔一〕八分

黄山跶村　自山跶洋村西南曲曲行至此七里七分

小安村西　自黄山跶村西南行过灵山村至此五里五分

下安溪村　自小安村西首西行至此九分

界牌　自下安溪村南行至此六分与福建政和县分界

枝线

衕跶村　自小安村西首东少南行折而东北曲曲至此六里五分

根竹村　自衕跶村东南曲曲行至此五里八分

上安溪村　自根竹村東南行越根竹嶺（嶺高一十五丈）折而南曲曲至此共六里五分与福建政和縣分界

枝路

中村　自下安溪村西行至此共二里三分

隆宮村　自中村西南行至此共四里五分

半嶺三間亭　自隆宮村西迤南行至此共五里九分

黃坑隘　自半嶺三間亭西北曲曲行至此共八里三分

鐵嶺村　自黃坑隘西南行至此共一里七分与福建松溪縣分界

西北門（外御太平江）道路計幹路一枝路五里據如左

幹路

程公桥　自西北门外北少東行折而西越角门岭至此四里九分

五都田村　自程公桥西迤南曲曲行至此五里八分

八都鎮　自五都田村西行曲曲至此七里八分

同濟桥　自八都鎮西南行至此一里

桂發亭　自同濟桥西北曲曲行过棘蘭隘至此七里六分

寨后村　自桂發亭西北行折而東北至此四里二分

秋窑市　自寨后村西北行越秋窑岭岭高五十五丈至此六里七分

驛鋪亭　自秋窑市北少西行至此六里八分

竹口鎮　自驛鋪亭東北曲曲行至此五里

大澤村東　自竹口鎮北少東行至此九里六分

伯度村　自大澤村東首西北行至此六里五分

楓樹橋　自伯度村西北行折而北延東至此四里八分

閔門坳　自楓樹橋東北行至此四里七分

春川橋　自閔門坳東北行至此五里二分為龍泉縣分界

枝路

洋里村　自五都田村南行至此五里二分

菉洲村　自洋里村西南行至此五里一分

龜田溢　自菉洲村南行折而復西復折而南至此三里六分

楢花嶺　自龜田溢南少東行折而西南至此七里六分又東南行折而南少西八里至下安溪村入西門外幹路

枝路

興福亭　自同濟橋南少東行折而西南至此六里六分

倉嶺村　自興福亭西南行至此四里二分

平坑嶺　自倉嶺村南行折而西曲曲至此三里

龍鳳菴北　自平坑嶺曲曲西行折而北至此四里一分與福建松溪縣分界

枝路

上嶺亭　自竹口鎮西行至此三里六分

黃沙嶺亭　自上嶺亭西北曲曲行至此十里與福建松溪縣分界

枝路

下淤村　自竹口鎮北少西行至此七里二分

牽源村　自下淤村東少北行折而北少西過中濟村至此七里七分

湖頭村　自牽源村西北行折而東北復折而西北曲曲過上淤村至此七里一分　西通仙莊村計六里與福建松溪縣分界

淤下村　自湖頭村西北曲曲行至此五里三分

湯源村　自淤下村北少西曲曲行越湯源嶺折而東北至此七里

上源村　自湯源村北少東行至此五里八分

芰坪村　自上源村北少東行至此五里

丁源嶺腳　自芰坪村北行越丁源嶺嶺高五十三丈至此七里四分

茂崖嶺頭　自丁源嶺腳北少東行折而北逕西至此九里與龍泉

縣分界

五步亭村　自丁源嶺鄉西迤南行至此四里九分

福隆桥　自五步亭村西少北曲曲行至此三里二分與福建浦城縣分界

枝路

崇善桥　自壽川桥東南曲曲行過石塘坑村至此八里四分

炉坑村　自崇善桥南少西行過炉坑亭折而東少南至此九里四分

源頭坳村　自炉坑村東迤南曲曲行至此七里九分

坑頭坳嶺　自源頭坳村南少東行至此二里七分與龍泉縣分界

北門外甲雲龍門　道路計幹路一枝路一里程如左

幹路

亥場　自北門外東行過劵石橋折西北至此一里一分

鷄母亭　自亥場北少西行越鷄母嶺嶺高四十九丈至此五里九分

上庄村　自鷄母亭北少西曲曲行過烏住村至此四里六分西通西北門外幹路之程公橋

隹坑亭　自上庄村北行至此四里二分

山溪村　自隹坑亭北少西行折而東北曲曲至此五里七分

高漈村南　自山溪村東北行折而北少西至此七里四分

太平亭　自高漈村南首西北行越太平嶺嶺高七十九丈至此五里九分

與龍泉縣分界

枝路

烏大龍山北　自高漈村南首東少南行至此三里三分

井下坳　自烏大龍山北首東行於西北至此三里二分与龍泉縣分界

入通志山水部分

山川

慶邑羣峯拱峙曲水潆紆廬舍雞犬田園隴畝咸呈幽閒自適之概昔陶靖節高懷曠世志在山林桃源一記千載仰其高風然慶方是時彼為寓言此為實境將（以慶方之）笑其見之不廣矣蓋以山雄不露溪流不湍淑氣蘊結古多名賢近世雖人文稍遜而醞釀之風猶昔人傑地靈終有蔚揚於將來者邦人勉乎哉

編輯史澄章識

通志山水由此緊接……山

白馬山 在八都權溪村屈從詠山之巔有岩一塊約十餘丈岩之東端形象馬首中部形似馬鞍故名山間蓄蘇雜木以遮蔽此岩

十都界牌後有白馬山以前有木

月山 五都豬背坑村

見前末

天梯山 二都黄皮

涼傘山 一都 峯溪之南 詳見藝文

筆架山 一都 峯溪之南 詳見藝文

附筆架山有山二都黄坑亦有筆架山見前末

蜈蚣山 一都 蔡地 詳見藝文

葫蘆山 一都 魚川 詳見藝文

飛鳳山 一都 峯溪之南 詳見藝文

金龜山 一都 峯溪朝揖 詳見藝文

金鐘山 一都 峯溪朝揖 詳見藝文

天書山 一都 小蔡之東 詳見藝文

蓮花山 一都 路 後嶺 詳見藝文

湖亦有蓮花山見前末

此四山不知在何都

猛虎山 一都 距田之南詳見藝文

真武山 一都 峯溪

石狗山 二都官塘

白鶴山 二都 在横坑歷崎嶇數十里為慶崇二邑界相傳有白鶴仙居其上土人遇旱禱雨多有靈驗

石獅山 二都 在黄田村口首尾俱向吸九曲水砂頭崢嶸上有坭土一塊樹木森秀 雄雀獅形同

飛鳳山 二都 在石柱東南上有孤石直立長二丈絕似鳳首左右兩山翼樹木森然 數於兩露

間陳家峯在馬

地虎山 二都 在巫蛇

華蓋山 二都 在左溪 形狀似華蓋其坡上有奕縫歷歷可數 黄田學校之朝對

石鐵在賀廠
何村
查泛名
查敦名

峯

韓水峯　一都　韓水庄即文筆一尖

塘窪峯　四都　東溪

真武峯　松山朝拱

朧燭峯　桃洋南段

杏梅峯　一都　峯溪之東詳見藝文

東溪峯　四都　峯溪之東古名黃犬寨詳見藝文

吴公峯　一都　峯溪之東詳見藝文

峰岡尖　一都　峨嶺之西詳見藝文

銀屏峰　一都　峯溪之西詳見藝文

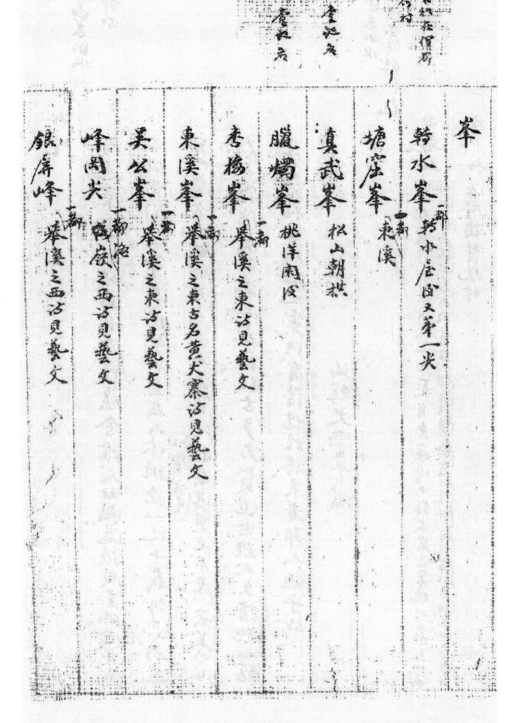

西坑峰　在二都根竹山村東五里一峰独立山上巉巖峨怪石厓然其巔有一石室三面皆岩石當村人於乾隆年間塑一觀音佛像於石室清光緒三十一年王振声王遠錦等捐資於石室上又建一樓并塑神農像一尊述年於六月十五日為會期其時正氣候炎暑極涼爽與遊者每日遊此者衆　八方樂赴

岩

虎勝岩　八都舉溪之北詳見藝文八景

鶯鵝岩　一都西溪之東詳見藝文

銀屛岩　八都舉溪之北詳見藝文八景

百花岩　八都舉溪之西詳見藝文

美女岩　八都舉溪之北詳見藝文

獅子山岩　在四都舉水村橋頭層岩壁立由山依搏躍而下俗稱為茂山獅子　據紀者錄
旧時鄉居民以舊居為風水多買骨罐存於山岩之下今建非

將軍岩　在上都魚川村橋頭挺然突立勢極巍峩儼肖將軍臨敵之狀舞而揚帷幄之狀也

石獅岩　在上都峰水村尾大溪中前明萬曆己酉拔貢生授兵部司務姜懋修鐫有砥柱中流四字於該岩之右其字跡迄今猶存確

疊石岩　蘆踐之　二都蛤湖西石相疊直遠視若懸岩一石高十餘丈上圓而大下直而小中如頸

笔架岩　二都黄皮天梯山上

石屋岩　二都黄皮有三穴彼此相通可容數十人昔人避兵處也

鵝卵岩　二都根竹山舉處四圍山峯縣絕形如卵之石堂右似鳥二丈餘周三丈餘其形如卵

外甘竹溪石室岩　在二都處仙桃山去城東十里其石室寬濶三五人可以容居翠竹老松錯立門前上天然綠蘿掩映也

仙橋岩　二都官塘

鷄冠岩　二都官塘

磻陀岩　二都官塘

三級岩 在二都黄岡東南其岩磊砢分上中下三級上者最大中次之下者最小高尺
二十餘丈直聳雲岩若浮圖直距⋯⋯
觀音山岩 在二都黄岡鎮武山内狀如觀音坐蓮故名舊時岩中央有土一塊可塑 頂上今有藤
石柱岩 在二都黄岡登高四面皆空高尺數十丈狀如石柱故名 石岩孤立

洞

仙岩洞 在二都青草村洞有泉自岩隙流滴而下不涸不溢歲旱多禱雨於此

嶺

應嶺 縣東十里自嘉慶七年張仁伯等修後因年久山崩壞光緒壬午二都西川增
生張蔡昌以是年春在杖鄉觀閣擬占慶祝止之母壽將以此當華欽之資移
作公益之舉注意久矣適該嶺坍塌邀伯錢修砌之⋯⋯
石梯嶺 縣東二十五里丹崖飛瀑峻險異常⋯⋯民國三年四
都擢下村全增禾全增雨全增純等捐資修砌
鴨舖嶺 在七都中村

迴來不必

半山嶺 在廿都富樓源半山亭內環繞約五里其山險峻高由下而上儼若登天

飯甑嶺 縣北二十里

赤坑嶺 在八都槎溪村后後山民國五年村人楊懋时出資修改數十丈

深塢嶺 四都上庄對門光緒十年貢生周作韻倡捐重修

根竹山嶺 在縣東三十里直矗雲際城四東為咸豐七年王開煥捐砌光緒二十九年王振帶捐修（里人）

梧桐嶺 縣東三十里通景寧界

洋坑嶺 縣東三十里舛倒府殿前嶺其巔高峻过於根竹山嶺光緒二十七年王遠銘王振声捐砌

喬陌嶺 縣東三十里

北坑嶺 縣東三十五里同治十年義士王心森捐砌

林草坑嶺 縣東三十五里

椿拆嶺 縣東三十里

磨石嶺 在上都峯水之東

松樹嶺 在上都東山后之東

登雲嶺 在上都峯溪之西

檎樹嶺 在上都漈根之北

漈鵰嶺 在上都小漈頭之南

色果嶺 在上都下庄之東

庵后嶺 在上都瓦磘崗之西

葱乳嶺 在上都洋頭之西

塩坑嶺 在上都葱乳之東

通志不入

員山嶺 在上都墾田之西

黄排嶺 在上都雲霧亭之北

龍橋嶺 在上都魚川之東

杉坪嶺 在上都稻肩之西

廟灣嶺 在上都夜嶺之北

白鶴灣嶺 在上都夜嶺之西通閩之要道光緒二十年上都舉溪監生吳懷德獨修砌道又捐重租四十石把坐落嶺洋坪嶼洋菁楓嶺安着以備逐年秋季劉除之資

燒香大嶺 在上都門嶺后之東

太婆岩嶺 在上都徐洋之西

東山后嶺 縣東八十里光緒二十四年胡孔傑孔秀倡首砌築

后溪嶺 民國八年陳錫圭等由黄崗魚乾上捐緣改築

路不歸此類

通志不如

通志不入

路

下淤路 在八都自安禪寺門起至燈塔山麓止，計五百餘丈。光緒十七年槎溪村人楊德炳出資倡修。

下井路 在八都槎溪村水尾。民國元年被洪水推流弍百餘丈。五年村人楊玉麟、楊懋園、楊聯芳、楊公相、楊懋時等出資倡修。

后田洋路 自后田畔至蔡段二里許。民國六年槎溪村人楊玉麟、楊懋園、楊聯芳、楊公相、楊懋時倡修。

菊水路 清光緒三十四年被洪水推流。宣統三年由槎溪村人楊懋園、吳彦邦倡修。

黃田口路 四都距城五里。光緒十五年后田吳其慶、吳其元、元弟捐金修砌。

東坑嶺頭路 二都岩下村外距城三十里。光緒十二年后田吳其中倡築。

下管大路 一都文艷下距城七里。光緒十七年吳其元、吳家隐、吳律聲等倡修。

集義橋尾路 在后田村溪頭，係大溪之上流，水勢湍急，[illegible]直通后田。由金鉢嶺路崇為屏障。光緒十九年吳其元、姚君錦、吳律聲等倡修。捐築石[illegible]松木[illegible]石結築，主事[illegible]吳[illegible]長和補。

魚字不同

魚字不加

外橋前路 在座嶺山腳年久失修鄉壩每常往來多遭跌溺光緒二十五年石
四人吳其元姚君錦吳律聲等倡修砌六十餘文

黃坭嶺路 在隆宮坭路光緒二十六年倡捐錢砌貳百餘文

苦竹下路 在隆宮坭路民國六年倡捐錢砌百餘文

牡蘭灘路 光緒三十四年溪水泛漲路多淹決民國元年復遭水患奉 部撥款
以工代賑知事毛雲鵠督修並於溪流築石碇二以殺水勢有記詳藝文

溪

魚倉溪 在稠溪之下馬蹄坳村去城西三十里

潭

鰔魚潭 在二都賢良村旁溪潭上係山頂古樹林立潭中藏毒魚一尾背鰭四足
名鰔來自歐洲每年春夏之際來自東海陸地直登樹間食鳥獸及見
之驚异

魚倉潭 在舉水

係宗祠宗族石刻何
鄉由來不必列

真武潭 在一都舉水村西前

交溪潭 在陳家嶺門

龍井三潭 在一都舉水西山村

羅米潭 在一都舉水村尾

丁婆潭 在一都黃田村尾

荷潭 在一都西溪中莊村

九曲潭 在二都左溪出水勢九曲直奔黃園與石獅山相距風景天然如畫

泉

冬煖夏涼泉 在東門外經達南門路旁其泉冬則煖夏則涼嚴寒天早晨直沸騰如西霧游身浴面水味更佳

湖

前志長仙山
誤作前山之
誤
本志因之亦不加
改正何必有帳
迴不免出來
山

前仙山湖 二鄉者 在仙山關距縣城東二十里湖寬千尋周數許未云水源去水派旺左右十
里荒山人踪罕至湖內[illegible]之也

柳天湖 一鄉 在鐵山南[illegible]湖廣兩十數丈深亦數丈春夏不盈秋
冬不竭水草叢生鷗鷺成群風景頗稱遊覽[illegible]目

水利

溝洫之制原於井田舟楫之利宜於河道慶為邑巖疆雖三代莫能井溪流梗阻經五丁不為功而人僅論山川不言水利以談其實非世見也顧水為土地之營衛農田灌溉材木運輸尺水數流並資利校泥淤水為災者不絶必將朋防患而資利端在竟委以窮原竟詳其源流記其里程庶有所留心水利者嘗有取徵焉

編輯史登章識

中樣溪、慶邑水利以樣溪為最著溪長六十八里五分其經流發源於光石山至縣城北石龍潭以下合竹坑焦坑之水達八都鎮西南接會注云洲溪而入於福建松溪縣

光石山 樣溪自此發源南流至際面嶺西麓二里六分

官局村 自際面嶺西麓西南流于西北至此五里九分

榅垧亭　自官局村西折而北流至此四里九分

车湾村　自榅垧亭西首西流至此四里

五大保村　自车湾村西北曲曲而流至此七里五分

濛淤村　自五大保村西少北曲曲而流至此三里九分　水深三尺面阔十二丈

蘭溪桥　自濛淤村西流折而北再曲而少西至此七里六分

雁嵌西　自蘭溪桥北流折而西南曲折至此六里六分

石壁隘　自雁嵌西麓西流曲而少北至此二里七分　水深三尺面阔十五丈

古楼庙　自石壁隘西少北流折而西南至此三里八分

石龍潭　自古楼庙西流至縣城北石龍潭共里六分　水深五尺面阔十六丈有竹坑溪自西南来注之

箕坑水口　自縣城北首石龍潭西北流折而西南至此六里九分　有箕坑水自北来注之

五都田　自焦坑水口西迤南流至此三里六分

八都鎮西南　自五都田西少北流折而西少南至此六里四分　有芸洲溪自南来会之見跋

棘蘭隘　自八都鎮西南首西流过同濟橋折而西北復折而西至此六里五分　以下一名棘　蘭溪水深四尺西闊十六丈

蛛蛛嶺南麓　自棘蘭隘西北曲曲流过桂蔭亭至此九里一分与福建松溪縣分界

芸洲溪　按芸洲溪發源於福建政和縣溪程三十里弱至八都西合於棘溪入福建松溪縣境

下安溪村南　芸洲溪自福建政和縣流至此入境又北流至安溪隘二里八分　以上一名安溪

蒲潭村　自安溪隘北迤東曲曲流至此八里七分　水深三尺西闊十五丈

芸洲村　自蒲潭村北少西流折而東復折而北至此七里五分

水尾獅子山東麓　自芸洲村西北流至此七里九分　水深四尺西闊二十丈　又北流二里六分至

都鎮西南八礁溪

〇南洋溪　按南洋溪發源於鈐高山溪程四十七里弱入景寧縣境

鈐高山　南洋溪自此發源西南流出嵐頭山北六里五分

田頭村　自嵐頭山北首東流曲曲過均頭橋折而北迴東出此八里五分

南洋村　自田頭村東南流折而東少北出此三里九分

高溪村　自南洋村東少北流折而東南曲曲過周洋村復折而東北出此七里九分

水深二尺
面濶五丈

鵝公山北麓　自高溪村東北流出此八里

大廣山南麓　自鵝公山北麓東流出此五里二分　水深三尺面濶十二丈

黃坑峰東南　自大廣山南麓東迴北流出此六里七分與景寧縣分界

十一 魚頭溪　按魚頭溪發源於雞冠山溪程計三十里入福建壽寧縣境

雞冠山　魚頭溪自此發源北流至八炉村二里一分

横嶺村　自八炉村東少南流至此五里三分

雙溪村　自横嶺村東南曲曲流至此七里四分　水深二尺　面闊六丈

九錠崗尖南　自雙溪村東北流至此七里

礱頭山南麓　自九錠崗尖南首東流至此五里八分　水深三尺　面闊八丈

魚頭滁村東　自礱頭山南麓東流折而南至此二里四分與福建壽寧縣分界

秦溪　即大溪發源於金頭山溪程計十四里經入龍泉縣境

金頭山　秦溪自此發源東少北流至外桥三里五分　水深二尺　面闊三丈

金釵山南麓　自外桥東北流折而東南至此四里五分

水工五山北麓　自亞似山南麓東流至此六里一分與龍泉縣分界

竹口溪　按竹口溪發源於雷風山溪程三十七里歸入福建松溪縣境

雷風山　竹口溪自此發源西南曲曲流至楓樹橋四里

伯渡村　自楓樹橋南流曲曲至此四里二分

大潔村　自伯渡村南少東曲曲流至此六里五分　水深三尺西闊七丈

竹口鎮　自大潔村南迤西流至此七里一分　以下一名梓亭溪

驛鋪亭　自竹口鎮西南流至此六里七分

新窑市　自驛鋪亭南少東至此五里七分　水深三尺西闊十丈

五城山西　自新窑市西西南流至此二里五分與福建松溪縣分界

古蹟

奮門瀑 在黄岡嶺下高三十餘丈瀑自空際奮珠而下如懸白練

三級石塔 在卯粱石塔嶺頭横亘高崗三石纍疊成高約五六丈下臨溪澗而坐西朝東即相傳仙人疊造以鎮白馬洞之妖

龜卵 在竹坪山境龜背上三石相加一石橢圓高二丈上下大五六圍下一石略圓略小於上石一人手搖之亦可動數十人手搖之亦可動俗稱為龜卵又稱為木魔岩奇在此岩累卵下着山石皮不多永久不移亦一奇蹟也

龜石 二都楓樹坪門前

石磨 二都楓樹坪村大霧門前

蟋蟀岩 二都楓樹坪村南面山中上下二粒村中樵夫至此以手推其石作蟋蟀之聲故名

除燕坑寨 在七都中村除燕坑山後宋代魏國公趙贊鎮定州軍道此見相其地勢險阻因建之址存寬闊十餘畝由吳鞏士紳訪錄

刺史園竹宅 在后田姚家門內刺史姓姚名文焰字竹其字也明萬曆年間刺史也蜀多善政不次榮遷舊邑誌記名

副將故明宅 在后田吳宅門內副將姓吳字作哲錄其名也清康熙年間隨康親王軍定閩浙副將因學恂恂儒雅口不言功舊邑誌武職記名

鳳翔樹 在店田村台上有古樹名烏柏其形如鳳凰之將飛有奮凌九霄之勢

慶元縣志採訪錄卷二

建置志舊志列目十三新增目一

城池　秩統　衙署　市井　街巷

鋪舍　鄉都　倉儲　坊表　橋渡

堰陂　亭閣　賑恤　自治

建置志

古者建邦啓宇誓之帶礪嚮明而治日中為市公署市廛所以字民而惠商也營壘設險所以位辨方城郭郊甸所以安居而濟變也羽檄驛於郵舍利濟資乎津梁立坊表以樹典型備倉儲而足民食重人群則存賑為恤爾水利而曰堰曰陂斯皆政事之常經亦即致治之大法也亦以操統主宰助治理而變遷靡常亭閣因歲月推移乃殘毁莫定核今論古觀往察來設非按籍之可稽何以指名而問失哉

編輯史澄章識

城池

設險守國重門擊柝暴客之訓也惟不知守奚言險不知擊奚

言守斂善為守者奇偶相生標本並治內謐以繫其外結固

而聯其鄉奇偶之用也誠信相孚市人可戰上下一氣眾志成城

標本之謂也若是者城郭不為虛設彈丸固若金湯而守與

繫之義備矣既有守土之責者其不河漢斯言焉

編輯吏澄章識

城高一丈八尺照舊志毋庸更

秩统

立國之本端在親民親民之官首推牧令顾世乱则思武功明刑所以弼教分曹佐理幕首庭尽之責任慶自宋季分治以逹民國肇興官制之要屡恆隨政潮而变迁按今鑑古居位思治歷代制度之得失献诸秩统而思过半矣

编辑史澄章识

秩统

民國行政部分

知事一人 兼警察所長

内務主任一人 民國元年为政務科長二年改第一科長三年改为内務主任

內務助理一人　民國元年為政務科員二年改第一科員三年復改為內務助理

財政主任一人　民國元年為財政科長二年改第二科長三年改為財政主任

財政助理一人　民國元年為財政科員二年改第二科員三年改為財政助理

教育主任一人　民國元年為教育科長二年改第三科長三年改為教育主任

收發一人

庶務一人

一等書記一人

二等書記二人

三等書記三人

公役無定數

學務委員一人

自治委員二人

實業所所長一人

勸學所所長一人

司法部分

承審員一人　民國元年為執法科員二年設審檢所改為幫審員四年審檢所裁撤五年再設六年復裁仍設承審員襄理司法事宜

管獄員一人　民國元年為司獄員二年改為管獄員

一等書記一人

二等書記一人

檢驗吏一人

承法吏二人

法警十人

禁卒四人

警務部分

警佐一人

警長二人

警察十八人

書記一人

警備隊哨官一人向駐龍泉民國七年移駐慶元

警備隊哨長一人

书記一人
什長四人
隊兵三十六人

衙署

嚮明而治退食而思官之不易云衙署蓋彰之也凡政處所寄倖統所關於特示尊嚴一方之觀瞻繫焉慶邑公廨舊燬於兵乾嘉之世重建於澂稱備然歷年既久殘毀已多國肇改革官制頻更同此廨宇不少推遷隨事增葺規模蓋宏遠矣居其位者幸毋忘嚮明而治退食而思之義則為不負斯廨矣

編輯史澄章識

縣治在城東北 民國元年知事張之傑修八年知事江宗濂修

中為大堂 民國八年知事江宗濂重修堂前築牆建轅門立慶元縣公署直額牆內嵌有碑記勒石門左詳見藝文

堂後為宅門 民國八年知事江宗濂修

宅門內為穿堂　民國八年知事江宗濂修葺施丹堊

穿堂後為二堂　民國八年知事江宗濂修葺加丹堊

左為龍亭庫右為祭器庫　民國八年知事江宗濂修改為辦公處

又後為三堂　民國八年知事江宗濂修並於堂前右建花室一間前左造廚房一間

再後為四堂　燬於大清光緒十九年知縣秦耀奎重建改為大仙樓民國二年知事毛雲鵠修作為各科辦公處

二堂東為花廳　清同治六年知縣呂懋榮建光緒三年知縣史恩緯修

花廳後為上房　清光緒三年知縣史恩緯建

大堂前為轎蓬　今廢

又前為五廊　今廢

大堂前東廊為監犯工藝場　舊為吏戶禮倉科房民國三年知事毛雲鵠修造加牆改為監犯工場

大堂前西廊為看守所 舊為兵刑工承發房民國元年知事張之傑改造八年知事江宗濂加築牆垣

大堂前甬道立戒石亭 民國元年拆毀

亭前為儀門 民國八年知事江宗濂重修

亭東為福德祠 現在為地丁征收處民國六年知事張國威修改右為管獄員署民國八年知事江宗濂修改

亭西為監獄 舊在儀門外殘毀已甚民國八年知事江宗濂重建立碑門右記其緣甚詳見藝文

前為大門上為譙樓 舊有鐘鼓派夫支更國體改革久未舉行民國五年知事張國威撥設八年知事江宗濂查修設鐘鼓於上

門外為照牆 民國八年知事江宗濂修葺造左右木柵

土地祠 儀門內東偏舊祀德江徽藏稍覆獨遺叔福德祠改造無靈縱息罔所依奉之土地神移置君龍寺側歎江氏慨然捐俸出貲建築於舊址觀焉

警察所 在縣治東即舊有之敎諭訓導署民國三年知事毛雲鵬改設

警備隊 二處一駐育嬰堂一駐舊哨之把總署

管獄署　在縣治儀門內東偏舊福德祠故址

勸學所　在雲山門內　關岳廟東廊

貧民習藝所　在縣治東即舊有之典史署　民國三年知事毛雲鵬改設

舊儒學署

大門　舊有署門式甚簡陋清光緒十八年教諭法壽民訓導沈鏡蓉倡捐改建奎星閣於門樓供奉　奎星象塑彩飾煥然一新今改為慶元縣警察所址

奎星閣仍如舊制

舊教諭宅　清光緒卅年裁汰教諭職宣統二年冬改設城區自治議董兩會三年自治會解散改為警察所

舊訓導宅　宣統三年秋國體改革前清舊制一律解除訓導之職准取消民國元年改設縣自治參議會三年該會解散改為警察所

舊典史署　清光緒九年典史余禎重修並建花所於署之右二十三年典史郭啟榮續修民國元年改為巡警署三年巡警署遷入舊儒學署復改為貧民習藝所

舊把總署 清光緒三十四年護綠營一律裁撤署屋改巡防營駐紮之所宣統三年防營他調民國元年改設縣議會迨三年議會解散今仍爲警備隊駐紮

市井

鷺鶿井 離華溪十里許井狀三角深莫可量常見鷺鶿浴於此而置毛於井傍因此得名

后田街井 在后田間善堂門外水清味甘吸引凡多

街巷

埜家街　縣城南下接東门街

梧桐巷　在后田新台下防址

鋪舍

縂鋪 舊在縣西明洪武十四年知縣董士李改建縣東隆慶三年知縣朱芾以縂鋪址建為標營將駐所由申明旌善二亭址改造縂鋪由雲龍門達龍泉者六

坌村鋪 五都去縣北一十里

水南鋪 八都去縣北二十里

黃荊鋪 八都去縣北三十里

梓亭鋪 九都去縣北四十里

大澤鋪 十二都去縣北五十里

楓樹鋪 十二都去縣北六十里

按以上鋪舍業於民國元年裁撤羽檄公文改由郵政局投遞

郵政局代辦所二處一設城區后田街一設北鄉九都竹口鎮

歸畫未𡐓識

鄉都 凡前志衍新亦未易於未列

東隅統圖三 地名廿

上倉　埜塘　埜宅街 補栽　東門街　坑壟

陂田　陂碓　大濟 舊錄一都今割歸東隅

此據志加罡 繞畫二地名

一都下管統圖二 地名九

如濟　小濟　七保　八保　黃均

柿兒　下碓　父兒下　大濟源頭 新增　平崗 新增

此事一都 繞畫五地名 百八據本錄入 在四都應

二都統圖一十一 地名一百七十五

周墩　西川　塘頭　壇衕　周處廢

柿北川　嶂下　梁屋坑　賢良　石頭坑

淤上　黄壇　大山頭　石板倉　新村

松柏灣　新庄　蔡村改名蔡川　高洋　張百坑

大岩坑　南洋　山坑　絲焙　坑頭

湖池　外洋　西洋　黄龍坳新設　庵嘴新設

石龍灣　蓋竹　根竹山　西洋　下段　浚濟

東坑　喬陌　桐梓　東山　黄皮

漈下　社坑　梧桐磨　蘭溪橋　青草

南坑新設　庫坑　半山源新設　黄土洋　久住洋

黄垟　蛤湖　山堆　横坑　爛泥

斎郎　楓樹坪　岩溪　石蓮　粟洋

半坑　車根　塩坑新見　白水際新見　五大保

岩下　高際　車坑　橫山　下寮

馬家地　珠嶺坑　高住　尖上　底壟

蕉地　際面　洋邊　段庄　下壟

四際頭　塘尾　黄沙　岩坑　楊橋

桃坑　黄竹山　黄壇兜　大岩　杉坑

楊郎坑　半路村改名三際下村　羊坑　奇羅廢　半山廢

黄坑東坑　東溪　上洋　交際　崗段洋

東洋　大洪　烏石　赫草坑　細寮

嶺頭　杉翠垮　蘇湖墻　楊婁源　東山岩

坪跋　茶坪　源跋　石磨下　橋跋

金寮　嵩跋　岱根　青竹　半嶺

山跋　梅樹　安溪　留京　竹坪

白柘　塘尾　后坑跋廢　坑垅新異　坳根廢

銅鑼源志廢今復異　半坑　黃岡新興　塘跋

黃坭盪　魚鯢洋　石柱　梘跋　湖邊洋

高崇坑　湖邊　左溪　田坑　轄竹

石塘　下塘　印潭　垟下　杉樹下

黃山跋　庫聖坑　際下　官塘　樣坑

箬溪　沙洋　白柘洋　溪洋　杉坑

上店　洋跌　水寨　垻跌　岡根江

青田　磐坑　茶洋坑　蓮溪　龍跌

鉡山光　章坪灣　中央閘　伏山石 莫坑瀝陳 粗疊邊岀　石頭甫毀棄

四都統圍二地名二十有九

湊田　學台　坑西　石碳　竹坑源

上庄　上田　橫楠　坳段　源跌

焦坑　滁上　高滁　龍跌　班岱段

馱坑　下洋　張家畲　道堂根　平坑

山邊　墻邊廢　樓下　高上廢　巖洋

雙墨今廢　烏佳　山溪　洋源敖奥

五都繞圖二地名二十有七

魏溪 畲墺 湖邊 坑頭 墩頭

外村今廢 坳下 坌村 朱村 上淤

董山下 高畧 李塢 鮑窟 上源

石井 黃茄坂 楓樹淤今廢 猪脚岱 洋頭

猪背坑 九際 塘園今廢 月山 董坑

底村 天堂山新設

六都繞圖三地名四十有三

橫硤廢 余村 下吾 篁潭坑 楮溪

黃洋廢 岱根 大坂新設 社壇墈新設 山坳

坪洋　洋貝新吳　赤坑　菊水　竹后口

內后口新吳、鍾石淤　竹林坪新吳　鴨嘴新吳　坡峦岡新吳

角灣新吳　虎頭山新吳　廻龍村新吳　魚倉新吳　炉兜

官山新吳　蒼坑新吳　下斜　棘蘭　馬蹄坳新吳

濮陰橋新吳　寨后坑　下淤　竹下廢　後碓廢

楊宗廢　溪灶廢　下井　東山下　東溪頭廢

高壤廢　月坳新吳　新墓村新吳

倉儲

官倉

城內常平倉存穀叁千壹百叁拾玖石叁斗陸升

在縣公署頭門內倉前西穀場地基壹值土地祠壹所為倉役住宿處中華民國四年
知事先雲鶴盤查編甲乙丙丁戊己庚辛壬辰拾廒共儲穀叁千壹百叁拾玖石叁斗陸升

九都

竹口官倉存穀壹千捌百陸拾伍石

在竹口大街公館後今公館改建模範國民學校中華民國四年知事先雲鶴盤查編
雲騰致雨露結為柒廒共儲穀壹千捌百六十五石外又坐落本竹口村田畝一段名猫頭
一段土名山塘一段土名下目碑一段本官倉牆內共計大租拾壹石伍斗由倉役自種自收
為看守工食

查舊志城內常平倉編宇宙洪日月盈昃辰宿列張寒來暑往秋收冬藏閏餘成歲
律呂調陽致二十八廒共儲穀七千八百一十八石九斗三升四合三勺竹口官倉編露結為霜金
生麗水玉出崑岡劍號巨闕珠稱夜光果珍李柰菜重芥薑海鹹河淡三十二廒共
儲穀七千五百八十一石以上二倉共儲穀壹萬五千三百九十九石九斗三升四合三勺
查舊志載查奏銷冊內存常平倉穀壹萬捌千八百二十八石七斗五升三合五勺內除道光
三十年以前歸入清查案內穀二千六百四十七石三斗二合七勺又除咸豐八年間任軍需動

賑米三千七百二十三碩二斗一升九合七勺，又除同治八年趙任賑恤動碾米一千四百四十五石五斗八升，共計除米七千八百一十四碩一斗二合四勺，實存倉米七千零四碩六斗五升一合一勺。內計四倉存米壹千八百二十六碩四斗八升五合三勺，城內倉存米五千壹百八十八碩一斗七升五合八勺。

旋查城內倉現存米三千一百二十九碩三斗六升，計虧米二千四十八碩八斗一升五合八勺；又計四倉現存米一千四百六十五碩，計虧米三百六十一碩四斗七升五合三勺。緣同治間藍匪吳昌彬等作亂，宣統間劉壽匪到大生等亂，賑軍需並前清知縣歷任虧耗所致，荒後時舊案盡失，無從稽查。

預備倉

查舊志凡五所，東西南北四所久廢，惟中倉在儒學前。首倉基乾隆五十一年知縣王植以首倉基雖署，裁撤預備倉，所儲米碩盡歸於城內常平倉二十八廒之中。其中倉之廢，道光二年知縣梁韶以倉基改建育嬰堂，記見藝文。

社倉

城內社倉存米伍佰壹拾伍碩。附存柏渡沿村社米叁拾陸碩伍斗。附租三百三十六把壹一所。

在南門內，查社米舊存米壹千零叁拾碩八斗四升，嗣因前清末造，籌辦團練局，而除壹百碩；同治議局除米六十六石六斗四升；光緒二十四年荒歉，各股戶盡數借去平糶，未

二五〇八號

不足又借常平倉谷歷年殷户收入六仟餘石還常平倉不能兼還社谷延宕至光緒三十四年
涂任清釐各殷户將田撥入至十年民國七年冬收入以上數謹將各殷户撥入田段土名租石
詳叙於左　一段坐落四都坑西土名四廒安庵計租二十五挑水　一段四都學后土名道过山岩
頭墓塝三把等段段内合租二十四挑水　一段歎溪洋心鴨大租十六挑水　一段五都鋪后
楓山大租十四挑　一段義溪上源楓樹岸段游大租十挑水　一段南门外流塘大租十挑水
一段北门外桃州方坵段内合大租七挑半水　一段西门外土名花園段内合租十三挑以上壹
百二十九挑半水至吴廷杰撥入　一段西门外土名西廟橋内下庄亭下大租十挑水吴必發
撥入　一段南门外土名湖上田段内合租十八挑水吴高旺撥入　一段北门外土名石龍寺閣
州坑傍大租四挑姚京方等撥入　一段四都學后土名社壇岡弄塝段内合租十六挑水吴
廷柱撥入　一段學后土名蔣坑又名源頭灼大租十五挑吴廷禎撥入　一段四都學后土名
東嶽後百岡大租六十八挑水吴育彰撥入　一段學后土名尼潭段内合大租十五挑水
一段董坑土名蒲坡下藏等坵　一段米坑舊等坵　一段上九挑等坵三段内共合租十七挑
半水吴育崇撥入　一段北门外土名社壇後大租六十挑段内合大租三十挑水吴盧泉撥入
一段大濟村土名黄泥寨下藏大小八坵合租九挑水吴嘉旺撥入　一段南门外土名石山頭坪嵩
嶺下水田二坵合租六挑六戍吴思銘撥入以上清撥契約十一紙社董姚文林領存並由
涂前任飭倉書吴紹典照抄六本一本存案五董各給一本

社董姚文林　張廷瀾　吴逢高
吴翔雲　姚炳箴

大濟社倉存谷柒伯玖拾柒碩四斗一升八合

社董　吴紹瀛　吴汝渡
　　　吴汝械　吴汝忠

后田社倉存谷陸百柒拾伍石壹斗八合

社董　姚时鐸　吴文典　吴芳聲
　　　吴律聲　吴溶　周岩

周墩社倉存谷弍拾壹石

社董　葉舒文
　　　周其棠

舉溪村存社谷叁拾柒石二斗九升五合

查社谷存谷四百壹拾九石三斗八升一合年荒被飢民搶去中華民國三年由自治委員吴廷祥清查九董雖賠除吴作功吴炳恒赤貧不能賠外吴開贊吴瑚吴中平吴时泰各拔壹租弍拾四租吴作渠將谷捏叁拾伍租為逢甲子辰當做立契拔入吴鵬吴啟東各繳洋弍十元由前董吴銓文等欲買社田中華民國六年清查照量以上數

社董　吴銓文　吴蠻
　　　　　　　吴寅元

楊家樓村存社谷伍拾玖石三斗八升八合

社董 吳光棟 吳光樹 吳豐廉 吳鑑煉 周新武 楊步河

石泥嶺村存社米貳拾壹碩壹斗八升四合

社董 周世瑞 周秉炳

山華塘村存社米叁拾碩叁斗貳升

社董 葉信掌 信葆 信守 信全 信銀

大清頭村存社米貳拾陸碩叁斗二升七合

社董 吳大燿 吳光熙 光欽 光奎

邑畧村社董吳長鰲 吳長侑 存社米壹拾玖碩四斗二合

二都五圖

西川村社董張登鰲存社米拾壹碩五斗

吴廷聲存社穀拾壹石五斗
染鹿坑村社董葉義存社穀壹石二斗壹升
蔡川村社董陳家淮存社穀三石五斗
西洋村社董吴正義　吴正道存社穀叁石
蔡川村社董吴昌享林存社穀弍石九斗
吴學樹善存社穀弍石九斗
黄壇村社董吴有成存社穀拾柒石五斗
湖池村社董周淑緒道　周智東壹存社穀八石五斗壹升
南陽村社董范春猷友進存社穀拾弍石九斗
二都六圖

根竹山村社董王熹遠 程來 熹遠 東勻 克創 存社穀二十一石二斗五升

王啓茂 基 存社穀拾壹石五斗

南垟村社董吳和發 睦 吳宗義 存社穀捌石七斗

庫坑村社董陳九拴 銓 花育達 福 存社穀拾石

西洋村社董吳德户存社穀伍石

橋陌村社董吳德補 毅林 存社穀拾壹石五斗

蓋竹村社董蘇慈美 周其渭 葉世滿 吳昌鈺 存社穀柒石叁斗

蘆佳村社董周大生 元 存社穀陸石

隆廣村社董吳必恩 德洽 存社穀弍石七斗

半坑村社董葉振敍 端成 存社穀八石八斗

葉必漢存社米壹碩七斗

三𨿅村社董吳長芗 吳思春久 存社米拾碩五斗五升

黄水村社董吳丕高産 吳克珍通柬 存社米八碩

蘭坵村社董吳克茂 吳思儉 吳長宗勳 存社米拾壹碩七斗

合湖村社董劉啓廷峻 劉恭龍 劉永憭 吳吳祿 劉文隆 存社米二十五碩四斗五升

喬郎村社董葉慶亨章 葉遠來 吳珍主 存社米拾伍碩

二都七八圖

太岩村社董范孝詩信礼 存社米叁碩四斗

范孝賢安太 存社米貳碩七斗

黄壇村社董陳章壆銘 黄多淮存社米五碩五斗五升

桃垻村社董葉大同 炳富 存社谷弍硕四斗
葉長琦 球 存社谷壹硕二斗
岩垻村社董刘世敏存社谷四石八斗七升
刘炳勳 炳仁 存社谷五斗五升 七斗五升
楊橋村社董練亦足 開纡 存社谷壹硕六斗
練于島 昂 存社谷壹硕四斗
蒋地村社董吴克猷 德象 吴宏俊 到 存社谷六硕八斗
吴光昭 鶴 存社谷捌硕
吴宏珣 光渝 宏度 存社谷六硕弍斗九升
吴光球 宏展 存社谷 弍硕九斗 壹硕二斗六升

社倉

庇墅村社董吴啓鉎（欽）存社谷叁石

吴道高存社谷式石

吴敦烈（奠）吴樹芹存社谷式石九斗

滌面村社董范行樹（恆平）范通來（理）

四滌村社董張高宗（瀛）吴耀業存谷壹石五斗

峯塆村社董甘光森（相）甘建統（祿）存社谷叁石六斗五升

大岩坑村社董范春惠　范春試（參）存社谷壹石九斗

二都九圖

左溪村社董胡光茂（泰）胡義珍（森）存社谷四石四斗

岱山根村社董胡道壼（儒雀）存社谷五石

嶔頭村社董胡礼池　胡國珪 盛　存社谷拾玖碩六斗

坪頭村社董吴南礼 泰高 運光　吴運統 全　吴運章 昌　存社谷捌碩

蘇湖塘村社董胡沐裔 慶武 吉根　胡明積 武 利　存社谷拾捌碩六斗六升五合

石磨下村社董吴盛鎮 鐺 養　吴継良存社谷叁碩四斗

留氣村社董胡立宗 芳　存社谷弍碩九斗

樸坑村社董葉運青　葉克幹 明恒　葉紹龍 川　存社谷四碩五斗

壩頭村社董吴煥章存社谷八石叁斗壹升　其子越發赤貧無追

竹坪村社董胡德樊 明　胡叙岳存社谷九碩三斗弍升

龍坐村社董胡希仲　胡培上 毅月　存社谷九碩

官塘村社董吴國良　吴生恩 紹繞　存社谷拾叁碩六斗

故董子吴紹狗欠米三碩二斗

黄坑壚村社董陳錫圭慶祺　陳應方華存社米六石四斗七升

陳冊鉊佐烏應衡存社米六碩四斗七升

大洪村社董陳明福　陳光兆永超存社米五碩

青竹村社董毛宗積育　宗茂緼　家茂継存社米壹拾碩

胡継昌継周　開佑謙存米五碩

毛道滋存米壹碩

二都十圖

江根村社董吴際雲佑紀存社米九碩

吴耀邦明昂　胡聖懋存社米拾叁碩五斗

三都上下圖會　查社倉總冊倉建伏虎菴內菴荒改各董家推公存家中俾便保

陳村社董吳兆瀚 良英　吳開亨 智　存社谷柒拾伍碩

山頭洋村社董陶雲章存社谷拾八碩七斗五升

五溪下村社董姚日初 仰恩　存社谷叁拾陸碩五斗

姚恩衍存社谷拾碩

林后村社董周兆灌 挪家春　存社谷四十二碩二斗三升

朱坳村社董吳國珍　吳開創存社谷式拾壹碩一斗一升五合

根竹山村社董瞿宏河 江 潮　宏虎 烺 盈　存社谷式拾壹碩一斗一升五合

四都圖

高溪上村社董余元福 琴　必詩 茂　存社谷式拾八碩二升三合

瑞竹垟村社董葉宗奎（雲 太）存社谷弍拾壹碩一斗一升

五都圖

坐村社董李必正 吳廷芝 李紹基 李紹表 全三股各存社谷伍拾柒碩五升

朱村社董吳毅孝存社谷十四碩八斗四升

深塢村社董沈士豪 沈士璽 存社谷柒碩壹斗九升八合

沈士林 沈元炳 存社谷叁碩柒斗六升三合

沈士賜 存社谷叁碩七斗六升三合

九溪村社董沈培源存社谷弍碩九斗一升七合

沈建耀 沈建德 存社谷七碩七斗八升五合

沈建德存社谷五碩八斗二升八合

六都圖

淤上村社董藍才其昌存社穀二十碩二十七碩二斗二升

白嵌歙村社董范友彬詩存社穀十六碩七斗壹升

范孝福存社穀十六碩七斗壹升

蒐麻村社董夏景練存社穀弍拾碩三斗九升

董山下村社董李樹元遇元存社穀六碩四斗四升

七都圖

蒲潭村社董劉佐朋存社穀叁拾弍碩四斗六升

桃坑村社董李廷恩存社穀伍拾陸碩九斗壹升

豐地村社董甘立銓滿挑禄祥存社穀四十一碩四斗

隆宫村社董吴凤池 刘步阁 吴有陞 存社谷陆拾石壹斗四升七合

吴生養欠缴社谷十三石弍斗六升三合

黄坑村社董吴 有章 恩湘 存社谷叁拾弍石叁斗

張地村社董何 長舒 英豪 何 夢庚 鍾琦 存社谷四十六石

生水塘村社董鲍積田存社谷十七石七斗二升

八都圖

槎溪村社董 楊克韶 吴作楨 楊唐 廉 刘全 楊全珍 以附 上品股多股存社谷弍拾三石一斗

八都共谷拾弍石七斗二升

余村社董范 步階 錫恩 存社谷六十石

寨沙坑村社董吴 俊 元定 存社谷叁拾叁石弍斗六升

九都圖

竹口村社董吴景祥 吴官祜 田賓銀 田賓根 吴茂左 許垂魁 吴昌成 存社谷壹百九十六石壹斗八升

崔家田村社董沈汝鴻 沈元濂 沈定池 存社谷五十石二斗三升

黄壇村社董葉蓉 存社谷五十五石三斗壹升

查社册該村共存社谷壹百八十五石九斗五升，係葉蓉之父廣和與李鑑、李靜同、徐潤龍、黄之瀛、李錦行、孫伊父等於前清中主任為社董，有案已詳繳申理候派准

再經添註其葉蓉所存如上數

炉坑村社董沈甫標 沈甫均 沈冠英 沈元湖 沈大枝 沈玉堂 存社谷四十六石四斗三升九合

東坑村社董李奇範 李奇英 李奇蔭 李承福 李承孟 李承財 李光銘 李光森 存社谷五十一石七斗四升九合

上坳村社董葉邦樹 葉昌四 葉昌善 葉昌歌 存社谷式拾石壹斗

後樓村社董李奇朋 李奇枚 存社谷式拾四石柒斗

十都图

仙庄村社董周肇和 岐 存社米七十八石六斗五升 七十五石

中癸村社董蔡允中 张君华 孙国恩 陈朝波 存社米五十二硕九斗八升

十一都图

上源村社董王作霖存社米壹百另七硕八斗六升七合

中村社董丁雄南存社米壹百壹拾叁硕八斗六升七合

十二都图

黄坞村社董刘祖温 刘继根 永积 存社米伍拾贰硕六斗八升

葛田村社董沈冠瀛 世泽 存社米拾柒硕五斗六升

山头龙石村社董周世祚 世赞 周世君 峯 存社米拾柒硕五斗六升

吴继俊存社谷十七石五斗六升

大泽村社董阚献瑞存社谷十七石五斗六升

柏渡沼村社董蔡家贤存社谷十七石五斗六升

蔡进贤存社谷叁拾陆石 存城内社仓

姚村村社董邹廷良 李继梅各存社谷叁拾叁石七斗六升

周赞元存社谷柒石壹斗贰升

高山村社董李奇炳 奇樊 奇彩 奇浩 奇忠 奇琏 奇珊 承章存社谷八十七石贰斗贰升八合

桐山村社董李亚文 盛坤 陈有益 李淑赵存社谷拾玖石五斗九升九合

古岩坑村社董李见仁 汉溪存社谷贰拾五石五斗六升八合

尾源村社董李岩淑存社谷玖石

舊有出納章程八條 知縣梁安甸編有社冊可稽不再冗錄

坊表

節孝貞烈總坊 在壺山門內咸豐四年知縣李家驄奉　旨在南邑舉報節孝婦女五百光緒十五年邑人吳其元吳律聲將月課獎金捐修民國八年知事江宗濂捐產加漆重修並將續報節婦列入總坊籍資表揚

彤管揚輝坊 在五都金村光緒七年知縣梁安甸詳報奉　旨為李村儒童劍其英妻李氏建

松筠勵志坊 在八都察田嶺尾宣統三年奉　旨為察田坑村監生吳世統妻楊氏建

何氏節孝坊 在江根境頭均嶺沿吳光長妻何氏建

樂善好施坊 在后田安定橋門首嘉慶十六年知縣鳴山奉　旨為義民吳昌其立宣統三年昌其曾孫吳海重修

歸通志
輿地類
關梁

橋渡

義渡橋 又名護龍橋，在太平門外，石龍寺前。嘉慶八年邑人吳昌炅獨造，並捐入己祖四十把。改建學后村頭，屢遭水衝。光緒二十四年貢生吳育典、增生吳芙琛、廪生吳懷賢、吳宜家、生員周寅章等移建學后村尾，改名義渡橋，並添置四都土名深傘尖山塅一處，蓄篠杉樹以為豎橋修葺之用。

在縣址

石印橋 楊家樓村門前大溪

在一都

小濟橋 距城五里，又名焚橋，經過要道，失陷地勢非險峻，幸保安。越民國三年，僉舉龍吳汝城、吳律夢等捐金重修擲舊更新。

濟川橋 前清乾隆年間建，前志未入，今補載焉。

通志不入

在一都下管

白雲橋 在雲泉寺十四。同治甲戌水流。光緒丙申吳鶚、吳鶯、吳寶元、吳銓、吳文江等捐偏復建。

步蟾橋 在巽溪水尾，宣統元年橋被冲毁，民國六年由巽溪吳作詁、吳文華、吳一峯、吳作芳等捐倡復建。又名石獅橋，詁見藝文。

龍橋 在西溪，光緒二十九年楊國恩、楊濟棠倡建。橋之里許有東溪赤岩三條石接龍之可，迄今歲旱禱雨立應，因名之曰龍橋。

安平橋 在似洋坑，宣統元年吳紹恩倡建。

接龍橋 在似洋坑，宣統二年吳茂文倡建。

象牙橋 在茶窗坑，民國五年吳宗明等倡建。

涼傘橋 在莊嶺，光緒十六年洪水推流，二十九年吳錦良等捐倡復建。

獅子岩橋 在漁川，吳作欽倡建。

雄鳳橋 在西溪，楊仰恩倡造。

界壽橋 景寧洋騰、壟西溪等村建。

四人橋 在门嶺口，光緒十八年建。

國家不四

衕橋 在五川前志失載今補載之

水口橋 邑眾人倡造

潭頭橋 在蔡地光緒二十六年吴壽鵬等倡建

塘四橋 塘四吴作信倡建

太平橋 東溪南峯寺門東溪十二社合建

橋樹橋 峯溪吴忭拔建孫吴文江吴作沂等復建

永濟橋 在横嶺光緒年間燬民國五年首事吴漢昌吴德茂胡天文等捐貲倡改築石洞用垂永固

以上俱在上都

濛淤橋 在濛淤村詳見前志藝文光緒三年因雨氾歉宿致燬至二十四年首事吴其中吴浪度姚居錦吴其元王汝森吴榮陞王汝德吴成魁吴濬等捐金首倡修復興梁並添建觀音堂又置就大祖壹百把招人住守烹茶以利行人詳見新增藝文

蘭溪橋 在蘭溪村尾光緒二十六年經濛淤首事等具新修建並將舊習之大士堂新
舊更新託見新增蕓文溪橋與濛淤相距十餘里河道聯絡知縣何文耀曰

雙虹垂岸題欵

蔭龍橋 梁屋坑村光緒二十三年里人葉有恒葉成緒葉有創等捐資倡建

西洋橋 光緒十五年建

后淶橋 宣統元年建

方邊橋 稽桐洋同治三年王世霖獨建舊志未載今補載之

竹川橋 蓋竹舊志未載今補載之

車門橋 蓋竹民國三年葉世甦等捐建

新興橋 楓樹坪村

竹坪橋 竹坪水尾光緒五年修

石塘橋 石塘村光緒十七年建

迴瀾橋 垻田村光緒乙巳年建

西溪坑橋 在青田光緒三年建

箬坑橋 箬坑水尾民國六年建

水碓石橋 江根大門樓外光緒四年造

印漿橋 在印漿民國七年建

梅樹橋 在梅樹水尾

務坑橋 關鐵佛廟口今廢橋址亦被洪水衝流

餘慶橋 為地民國元年吴德茂吴宏端倡建

三漈橋 為地民國二年吴昌叙倡建

梧桐橋 茆地水尾民國三年黄親樊倡建

石馬橋 楊橋 宣統元年陳于澄陳于華倡造

護龍橋 二都萸坵光緒二十四年建

以上俱在二都

雙龍橋 三都烏石嶺村水尾光緒二十年陳銘度獨建

以上在三都

利農橋 四都東瓜源距縣五里源底土名西窠佃耕者往來俱經於此故曰利農光緒三十二年后田姚吴氏命男宗霞獨建

迴龍橋 溪上光緒三十三年周洋芳周榮章倡捐砌築

善濟橋 上庄百廿步嶺尾光緒三十年周洋芳獨造

以上俱在四都

墱霧橋 光緒二十四年九滌村沈培元沈吉喜沈建德等捐資倡建用石砌築

永安橋 光緒二十五年九滌村沈培元沈吉良沈建章三人捐資同築

吉慶橋 光緒二十五年九滌村沈培元沈吉良二人捐資同築

黄坑橋 光緒三十年九滌村沈培元秋緣築造

後溪橋 光緒三十一年九滌村沈培元秋緣築造

福星橋 上坑村距城五十里光緒十八年李光銘李光榮李光娥李光福四兄弟捐資同建用石砌築

同心橋 在上洪楳硃宣統三年吳逢泰等倡捐建造

義濟橋 在金村光緒二十年吳逢泰等倡捐建造

毓秀橋 在墈頭中尾葉正璽捐建

以上俱在五都

雷山橋 六都黄泥衕雷山跌澤淡橋向當橋款一經推流輒不能過槎溪村人楊標時楊懋園楊玉麟劉祖龍王遠宵吴錫桂周嘉銘范開良范開松范廷和吴秀邦等集资置於樹莫田租以備修整

以上在六都

甘竹林橋 七都中村宣統三年洪水推流民國二年劉煥章余寅珍吴有陞吴敬迎重建

水尾橋 七都中村宣統時洪水推流民國六年吴振根等倡捐重建

水口橋 七都桃坑村光緒七年吴登庸妻斌倡修

以上俱在七都

槎溪橋 縣北二十里為邑孔道宋治平間建覆屋三十七楹嘉靖四十三年知縣張庭亮修葺曆二十二年壞於洪水知縣鄧建邦重建改名通濟橋鄧雲鄉汝璧有記見藝文今並建並橋白巖數人王奇吴捨田六十秤以備修葺近年由縣署將駐校坎下十分之三以鹽費兩提出應隆式裕元補助該橋名曰修費銀元四剷綠渠鄰出塅一處坐落六都半嶺土名白枝塆安著上至尚珠下至坑左至長崗合水為界右至檀允合水為界又林廣增捐捨山塅一處坐落六都潘坑土名廉竹山大塘薯着

又刻小河施捨山場一處坐落六都局下村土名田坵老嵐尾安着上至田坵田下左至坑右至坑下至坑又林榮氏施捨山場一處坐落八都竹林坪屋後茗笠塆安着上至嶺崗山爲界下至屋後趙家山左至田嵩路右至吳家山坑爲界

如龍橋 在樟溪村尾嘉慶三年建右殘同治十一年村人楊德炳楊廷恩捐資續建光緒三十年大風吹折中心三間三十四年村人吳彥邦鄭金福懋樹楊麒麟捐資重修

以上俱在八都

普渡橋 又名后坑橋光緒初年燬續經竹口村許奕銘出捐重建伯雨僧捐修

白蓮橋 黃坑村尾宣統間毀於水民國三年里人李林李英南李之瀛等倡捐并復建

雙港橋 牧垻底以木架成年久廢壞民國三年九源村沈培元捐重橋改用石砌築

陳龍溪口橋 上坑李兆根復建民國四年吳慶桐田慶瀛沈培元許慶西等首倡改築石橋

以上俱在九都

又列示河施捨山場一處坐落六都局下村土名四坵老鼠尾安着上至四畝田下左至坑右至坑下至坑又林葉氏施捨山場一處坐落八都竹林坪底段笠塝安着上至[illegible]牲山為界下至底段趙家山左至至嶺路右至吳家山坑為界

如龍橋　在樟溪村尾嘉慶三年建左翼同治十一年村人楊德炳楊廷恩捐資續建右翼光緒三十年大風吹折中心三間三十四年村人吳彥邦柳金福懋村楊麒麟捐資[illegible]

以上俱在八都

普渡橋　又名后坑橋光緒初年燬後經竹口村許奕鋐出捐重建仙伯兩儒昭復修

此條移在營濟橋下

阜梁橋　邑北五十里為龍慶和邑西諸通衢松溪要道[illegible]明永樂九年里人周嘉建嘉靖十年季灝函料周仲惠建萬曆四年燬又知沈維龍項洞督建[illegible]順治間又燬[illegible]后民募建嘉慶十三年[illegible]基址甚右道光二年里人張達建橋頭亭祀魯光緒三十年又為水衝[illegible]知縣[illegible]里人募捐重建橋長五十餘丈蓋屋四十楹跨溪臥虹為北鄉第一壯觀

有記見[illegible]藝文

此條畫去
不必列

堰陂

普化寺陂在蓋竹溉田百餘畝

筆潭公垻在八都槎溪村既筆潭尾清光緒末業壞於洪水民國七年村人楊懋時楊懋園吳慶穗楊聯芳楊以桐吳慶邦柳金吳作燧等邀集二十人田下卅田主按畝派捐重建修復

北關外路堰清光緒三十四年洪水為災北關外溪旁大路潰決一百餘丈民國元年復遭水災兼田淪為水道致流潮奉發部款以工代賑三年知事毛雲鵬督修並建永碶二以殺水勢堰內民田賴以保存有記詳藝文

補錄
祝香亭通志不入
涵慈亭不入

亭閣

觀音閣亭 在北門外石龍灘街鹿樸街鹿亭 明時建造已六百年 以毁廢旋 民國八年
（旁注：忠中激藏樓獨存遺跡）

義渡亭 在北門外光緒二十三年董事吴美琛吴有典周寶章吴肇星吴宜家等建造

廻龍亭 在三都塘根村民國七年里人周珍錦倡建

求心亭 三都烏石嶺霧前宣統元年陳紹廣募建

桂花亭 三都林后村缺楓坳光緒二十八年周兆熊建

石泉亭 上都照田水缺光緒二十六年吴智永獨建詩見藝文

慶雲亭 在雲霧亭閘坡宣統三年上田照田吴良炳倡建

新亭 在陳家嶺閘坡光緒二十九年上都魚川吴汝昌倡建

樂善亭 在東溪洋缺水缺光緒丙午年上都舉水吴寶元獨建

祓坡亭 在慈孔底坡宣統三年上都舉溪吴文濤獨建詩見藝文

岩下嶺亭 在西溪對面光緒四年上都西溪楊國恩独建

鉄嶺坳亭 [illegible]洋坑光緒二十八年吴紹恩倡建

樂善亭 在洋溪亭底宣統二年小濛聚吴正亮之母独建

半嶺亭 在白雲亭底光緒三十年石記皆村衆建

清泉亭 在薩嶺下洋光緒間壞宣統元年合村倡修詳見藝文

與前不入

岡鼓亭 在邑東謝村水尾光緒五年合村同建

培蔭亭 在邑東謝村尾民國四年合村同建

徐洋嶺亭 又名源條亭徐洋閙段吴闌瀚倡建

轉水亭 陳家嶺閙前吴長東倡建

梅樹亭 舉溪監生吴之章独建詳見藝文

餘慶亭　在白鴿嶺嶺尾亭外即是閩界

通志不入

慶豐亭　邑栗洋頭民國六年吳開隆等捐資建造

會龍亭　在塘壢嶺民國五年吳繼初等倡建

同善亭　在下管小關村路光緒十五年監生吳具才廩生吳其元倡首邀集十五人均資同建

仙坝亭　五都龜山光緒九年吳理育等建造

石梯嶺坳頭亭　一都桃家樓嶺上同治二年捐資重建

通志不入

坵坑亭　咸豐元年建民國五年修

南坑口亭　道光五年建補載

通志不入

青草亭　在青草坳下民國四年建

由義亭　嘉慶六年姚匯建民國五年毀於火六年復建

過長不入

休息亭 在根竹山嶺中王開煥捐建

乘風亭 在根竹山嶺頭王開煥捐建

望雲亭 在洋坑嶺頭光緒二十七年王振聲王盡遠錦等捐建

繩祖亭 在蘭溪橋水頭光緒十八年里人吳洛兄弟仝建

大岩坑茶亭 在蒿里林山麓光緒二十九年山堆村吳長盈吳長源吳長鈞吳世輝捐坭村吳長舉半坑村葉必梅粟諫全捐建

半山源茶亭 在半山源民國四年吳宗義周慈增等捐建

物亭 在竹坪光緒五年修

下開亭 在竹坪村尾光緒七年修

新亭 在竹坪光緒十五年造

楓園亭 在竹坪光緒八年修

留香坳亭　在留香光緒二十二年造
牛欄嶺亭　在江根光緒二十二年造
溪頭亭　在江根光緒二十二年造
嶺頭亭　在江根光緒七年造
會龍亭　在江根民國四年修
水寨亭　在水寨光緒二十一年造
桃坑嶺亭　在杉坑光緒十九年造
石壇坑亭　在官塘宣統元年造
樸坑亭　在樸坑水尾光緒二十五年修
石獅亭　在官塘樸坑坳光緒九年造

岱嶺尾亭 在左溪光緒三十二年造

岱坳亭 在岱上宣統三年造

坳頭亭 在楊橋光緒年間造

楊武亭 在東山頭光緒年間建

河洋亭 在官塘光緒年間建

大境亭 在官塘三里許光緒年間建

楊梅潭亭 在官塘二里許光緒年間建

貓嶺亭 南門外貓狸嶺路民國八年例貢吳肇彤率子寅年獨緣改建更名青松亭亭傍建屋二間並捨坐落貓兒壟下嶺尾等段田二畝六分計大租三十秤以備招人住守及施茶之需

桂蘭亭 四都碓塘陳周以彰獨建

積善亭 四都學後武垓山岡尾民國三年城西介賓吳林案子例貢鄉文倘生耀文監生裴文錦文獨建

岡頭亭 光緒二十年九際村沈增與捐金獨建

護福亭 光緒十三年九際村沈培元捐資獨建

際坳亭 光緒二十三年九際村沈大超捐貲獨建

忠善亭 在西坑桐光緒二十六年上坑村李永達捐貲獨建

福壽亭 在五都壹村吳紹太獨緣建造

同福亭 在五都上際光緒二十年葉春錄等倡捐建造

五福亭 在五都底村監生吳攡焯武生吳攡新仝建

繼述亭 在五都沈家洋下坂頭舖上咸豐五年間布里向街吳一瑋獨建並捨入租以作歲修

壹雞亭 在七都英坑外二里許建於嘉慶初間舊志未載今補載之

亭均亭 在七都隆宮嘉慶十六年周學任吳奇德孫世通重建

杠仰橋亭 在七都隆宮嘉慶二十年吳奇德獨建

石鼓嶺亭 在七都中村咸豐五年捐建

旅亭 在七都隆宮嘉慶二十年建

清心亭 在八都菊水村尾楓樹涯村人鍾何獻獨建迭經損壞由獻之後裔弟獻之祭祖修整

善心亭 在八都林蘭溪田塘濱村吳美鍾建

承志亭 在后田洋坑里人葉蔭芳建

雲門亭 在七都李地光緒十一年重建

中村亭 在七都中村重建

老來亭 在七都古源同治十二年胡徙貴捐建

松風亭 在九都中鼻頸嶺光緒二十年城内周炳棠吴嘉言吴梓三人同緣建造

鷓鴣亭 在浙閩界地慶元管轄光緒廿四年[illegible]李吴南岡吴氏建造

荖坭亭 同治五年唐氏朱世東倡建

荖蓮亭 光緒三十二年荖岡村陳丹銘等倡修

散影亭 民國元年陳庭方陳庭華等倡修

惠力亭 原名启於亭宣統元年陳錫奎张緣改建

掬水亭 光緒三十年魚鼓村陳繼芳陳繼瑞等倡修

紫坳亭 宣統二年荖岡村陳育讓等倡修

補元亭 在將軍嶺民國六年石柱村柳世朋倡造

飄岱亭 在嶺坑岱次民國乙卯葉耀章葉紹乾葉成卅兄弟三人出力修造因風勢極大從序極為破坏修改石郭一重為亭表以護之

界壽亭　在二都溪跃[illegible]村，距城一百二十里，与壽寧交界。光緒末[illegible]青竹村胡[illegible]、溪尾村劉[illegible]造等倡建，並施茶。

梅亭寫

閣

尊經閣 在舊學署閣之高樓奉奎星像光緒十五年教諭陳壽民訓導沈鏡蓉捐俸首倡將頭門改建爲高門門前有小井移奎星於頭門之樓上井作池硯潤色鴻藻其原奉奎星之處添塑 文昌神位令住閣之肄業生童朔望於此春秋奉祀藉開文運焉

文昌閣 在八都槎溪村嘉慶六年知事魏燕發捐建道光二十三年燬村人楊公贊楊園楊芳中等於咸豐六年復建現改充國民校舍

文昌閣 在七都蒲潭村尾光緒十年何邦棨何鐘知等捐建

文昌閣 在二都竹坪村尾光緒二十四年造

大士閣 民國元年清庠生吳紹淵監生葉應祿等倡造詩見藝文

觀音閣 上都奉溪街尾光緒乙亥年建

通志不入

八、義學

養濟院

舊額設口糧民國元年奉省令裁撤八年由部核准復設

舊有於設口糧民國元年奉省長公署飭裁撤後歷六月始准八年

加奉江蘇省督辦署准撥設口糧定甲乙兩等甲等六名每

名月給口糧一元乙等十二名月給口糧六角又額外甲等二名月給

八角乙等二名月各四角共孤貧二十二名年額銀一百六十五元二角

同善堂常年款內撥給有現定數

育嬰堂

該堂通共原額租式千陸百零玖秤八斤又壹百柒拾陸秤貳拾五

斤但向年以來有田被水流及荒蕪失管者至光緒三十四年知縣王

寶璜向撥瑞堂提出大租陸拾秤撥入該堂經收的爲補苴原額

該堂充入山場在九都山岱等處東至深烏嶺均坐四都之東坑都

之治南至九都鯉魚坳西至九都慈照寺山坐陳龍村對面吳姓衆
山為界北至九都深鳥槐大崗四界之內圓圍四十里並籍民山相連
惟界內有模山鳥龍井背龍井坑石斛坑田豐小槍崗吾土坑各
處土名不一均有杉松雜木同治七年斋匪吳昌蔚吳昌彬沈譚
福沈大奀吳岩坐等嘯聚作亂放火殺人大逆湛反知縣劉濬
督兵剿除匪首正法所有田地山場均充官項契書從追無山免書
育嬰堂當即繪圖在案每逢匪杉木出拚近處匪系往往執磁滋
争藉匪盜砍已非一次光緒二十七年董事吳溶吳育本將該山出
拚附近生周寔章砍伐坐理哭被匪綱吳慶相沈士鴻等出而攔
毀廠劫物周寔章控至 藩憲葉往 藩憲柳府憲嵩查驗水勢

縣丞陸涌清同知縣曹緣阜董事吳峪等會勘追籍一面仿照繪圖

加牽紅線詳細載明界址勘石通詳備案以杜爭端永為育嬰堂管業

城内同善堂 附設武廟

后田同善堂 附設馬侍郎廟

東清同善堂 附設靈福神廟

三霞善堂設於光緒二十年知縣饒文耀捐廉倡募置買田租為歲施棺

作為施醫施藥及放痘經費嗣於民國七年歸併於全縣同善堂

全縣同善堂 在后田馬侍郎廟民國七年知事江宗瀛捐廉倡募集款

平時為全邑廣行施醫施藥施棺放痘及賑恤孤貧等善

舉有記見藝文

施棺會（在八都槎溪村）槎溪里人楊德炳楊登瀛吴師開吴自傳吴如相吴
和育吴育言柳元河吴作禎吴自芳姚江水各出貲置租業
將其租息作爲施棺之需

救火會

設警察所置有洋龍一具水鎗二十枝水桶拉鈎等器具均備民
國六年知事張國威籌捐創辦

自治類

縣自治會

縣議會　議員式拾名　原設舊批從署

參議會　議員捌名　原設舊儒學署訓導宅

前項自治會民國元年成立三年解散

城鎮鄉自治會分五區

城區　議事會　議員式拾名　原設舊左衙宅東軒

董事會　總董一名

董事三名　原設舊左衙宅西廂

東一區自治會　原設上都举溪村大昌閣

議員拾名　鄉董一名

東二區自治會　原設二都竹坪村

議員拾名　鄉董一名

南區自治會　原設七都隆宮村

議員拾名　鄉董一名

北區自治會　原設十都姚村村

議員拾名　鄉董一名

前項區自治会於前清宣統二年十一月成立民國三年解散

北二區自治會在八都樣溪村借用法会寺正議長一名副議長一名議員八名

鄉董一名鄉佐一名民國二年八月成立十月停办

自治會　在四都慈照寺內議員十名民國二年九月成立十月停办

教育會　附設東門内關岳廟左廂

勸學所　附設東門内關岳廟右廂

宣講所　一在東隅馬夫人廟一在店田馬侍郎廟一在大隋靈福神廟其餘各鄉均附設於各校

【民國】慶元概述

【民國】慶元概述 一卷

［民國］姚雋 編著 刻印本

姚雋，字德生，號握齋。慶元縣濛洲街道後田人，生於民国五年（一九一六）四月，卒於一九五二年五月廿三日。髫齡之年，曾與同里周國潮、吴建中及姚德華三人義結金蘭，共拜松源名儒姚華封先生門墻，同窗受業。先後擔任過玉田小學校長、松厢鎮鎮長、救濟院院長、商會會長等職。較早接受新思想，爲慶元縣『中華全國文藝界抗敵協會慶元分會』會員，加入中國共産黨後一直做地下工作。

是志撰寫於民國三十二年（一九四三），内容主要包括前言、位置、沿革、山脉、河流、道路、交通狀况、物産、居民生活狀况、民情、風俗、言語、行政區分、名勝、古迹、關隘、歷代用兵紀要、先賢傳略、雜記，共十九部分。共計十四頁，約一萬字。

是志爲作者遍歷慶元縣各鄉考察，深入了解本縣之自然環境、民族、歷史及典故，參考縣志及其他圖書之記載後寫成，言簡意賅地概述慶元全貌。是志亦可與其他慶元史志相互印證，補慶元其他文史記載之不足。同時，是志還對當時香菇和造紙産業的發展闡述了自己的觀點，對慶元經濟和道路發展等問題進行展望，具有一定的歷史參考價值。

是志成書於民國三十二年（一九四三），今據慶元姚德澤先生提供電子版影印，半頁三十二行，行二十五字，黑口，四周雙邊，雙黑魚尾。卷端題『三十二年，姚雋編著』，版心鎸『慶元概述』字樣、頁碼等。（李巖）

慶元概述
姚嵩
編著
TK

次目

十、民情

十一、風俗

十二、言語

十三、行政區分

十四、名勝

十五、古蹟

十六、關隘

十七、歷代用兵紀要

十八、忠勇傳略

十九、雜記

慶元概述

（一）前言

三十二年　姚嵩編著

生其地者其地之地理環境不可不知也其地之歷史演進亦不可不知也欲求鄉土史地常識之普及端賴有簡明書籍之記載嵩遍歷本縣各鄉蹟處考察對于本縣之自然環境歷史掌故等略能道其一二爰將管見所及並參以邑乘及其他有關書籍之記載彙為是書以便我邑中人士之披閱並以為行政諸首長之參證惟嵩學問有限紕謬之處在所難免舉而糾正之是所望於本縣各先進之學者

（二）位置

本縣位於本省之南部、東北界景寧、東南界壽寧、南界政和、北界龍泉、西界松溪、西北界浦城、東南西三面鄰閩、惟北部與本省接壤、依地理之環境而論、原為福建之地域、一按周時本為七閩地一惟因本縣居民大都由浙江遷入、故其民情風俗言語等均與本省舊處屬之各縣相同而與福建迥異、是為劃隸本省之主要原因。

（三）沿革

本縣本為古揚州之域、周時為東甌鄉、隸屬七閩、五代時王審知擄閩，改稱松源鄉，劃隸龍泉。宋慶元三年，工部侍郎胡紘請於朝，以所居之松源析置縣治，因以年號為縣名，以資紀念。明洪武三年，裁縣設巡簡司於松欄。仍歸隸龍泉。十四年，又復置縣。明清二代均屬浙江處州府。民國初屬甌海道，今劃隸第九行政督察區

(四)山脈

本縣屬浙閩山地。山嶺重叠，峯巒插天，仙霞山脈，自縣西北入境，至縣東北，起為萬里林山。主峯名百山祖，超出海面一九六〇公尺，與龍泉南部之黃茅尖遥遥相對，同為本省最高之山峯。餘脈復蜿蜒於東南各鄉，將城關一帶圍成一狹小之盆地。

(五)河流

本縣山脈綿亙，為閩江、甌江及交溪（屏南寿寧縣流入三都澳）之分水嶺，河流均屬水源。水流湍急，不通航運。較大者為松源溪，源出舊頭村，滙合坿近各山之水，流至城關一帶，即稱松源溪，復向西流至八都，與於上之芸溪滙合流入閩境，又與竹口之竹溪滙合，便稱松溪，是為閩江之北源，至於本省之甌江有大溪、小溪二源，均出在本縣境内。大溪源出北山鄉，小溪源出江坝鄉，由窮山絕谷中，飛奔出境。又東南部之巢溪，流入寿寧，是為交溪水源。計本縣所有溪流，均屬水源，地勢之高，可以想見。

(六)道路

本縣道路較重要者有三、(一)自縣城至八都、經竹口、出曹岸、達龍泉。本縣大部份日用品，均由此道輸入，而本縣所有之土產，如紙笋、竹木等，亦多由此道輸出。現龍慶公路，即依此道建築，將來通車之後，則此道對於本縣之關係，將更為深切矣。(二)由右田至嶺頭，經八爐、達壽寧。每年壽寧居民販運土產來右田貿易者，連年絡繹不絕。(三)由八都至嶺源，出松溪、福建，貨物每年由此道輸入者，為數亦多。他如至政和、泰順、景寧、浦城等縣，均各有道路可通，惟不及以上三路之重要而已。

(七)交通狀況

本縣山脈綿亘，已如上述，雖鄰近各縣，雖有道路可通，然貨物運輸全憑人工挑運，人力有限，費用甚鉅，貨物即貴，自不待言，須待龍慶公路完成，貨物始有轉身之機會。溪流唯竹溪、芸溪二水，當紙笋等土產出產時，居民恒用木筏載運，可惜水量太少，航程亦不長。民國二十八年，政府曾有開鑿松源溪之計劃，用以運輸塩等物，只因經費支絀，未能實行。至于郵電方面，城內有郵局，每日至龍泉均有郵班往來，右田、淤上、荷地、巢水、金村、八都、新窑、竹口等地均有郵政代辦所，郵件傳遞，頗稱便利。電政除城內設有電政局外，左田、荷地、淤上、竹口、八都亦均有鄉村電話可通。

來如能擴展則一切之消息均可藉電線傳送至山村角落，不致受山嶺之阻隔矣。

八、物產

本縣物產除南區遠運筍紙外，東區與北區之木材均堪出口之大宗。木材盛產于江垻、雙竹、葛壇、左洋、石湖、社山、竹口、黃田、荷地、三溪、四源等鄉，砍伐後鋸成木段，投入甌江大小二溪水源順流放至永嘉銷售。舉水、落嶺一帶盛產茶葉，品質優良，民國二十八年第九區舉行土產展覽，本縣茶葉得到最好獎評，可惜近年以來海運不通，本縣茶葉遂告銷聲匿跡。此外關張鄉石灰、鐵礦等所產灰、鐵運銷到松、龍、政等縣。農村中之茯苓、厚朴、白朮，食品中之香菇、粉絲、淡筍等亦均有名，可惜產量不多，推銷亦不廣。

（九）居民生活狀況：

本縣人口據廿八年調查統計，約共有十一萬餘人，但因近幾年來，飢荒相繼，疫病流行，業已大為減少，經三十二年調查結果，止有九萬餘人，五年之中數目相差如此之多，誠令人不寒而慄。東區居民大都種菰為業，每年秋末冬初成群結隊，扶老攜幼，相率到江西、福建、安徽、廣東等省去種菰，次年春末則又相率回來，以種菰所得用來補助耕耨之不足。故菰產之盈虧以及菰價之貴賤對彼等之生活影響實深，菰產豐及菰價昂則彼等之生活可以勉強支持，蓋產少及蓋價賤，則彼等之生活，便形拮据。南區居民以紙為業，尤以紙業為主，但做紙之人，均由泰順僱來，手工收益，盡歸泰順人取去，數目亦屬可觀。抗戰以前，因受船來洋紙之抑制，紙業銷路甚形蹭蹬，所有紙廠均已停閉。抗戰開始後，外洋紙張來源斷絕，本縣紙業商人驟形活躍，數年以來，紙廠激增，南區居民之生活，故能比東區為優。可惜紙業工人墨守陳法，不求改進，恐抗戰停止後，終不免受船來品之淘汰，言之令人痛惜。城廂、八都、北區各處居民，大都以耕田為主要職業，間有少數商人，分散于曹嶺、竹口、后田一帶，唯資本均不大，故與商業之可言。

（十）民情

本縣居民困困於羣山之中，莫與遠大之志。民情崇儉約，尚質樸，安分守己，實有足多。近年以來，飢荒相繼，而地方秩序却能安堵如常，說者以無懷氏之民、葛天氏之民稱之，洵非過論。

（十一）風俗

本縣因地處山僻，文化水準低落，率多迷信陋俗。每鄉每年于農曆五六月間必舉行迎神賽會，以祈保護田苗。遇天旱則有打龍求雨等舉動。有病人除延醫診治外，又須延巫打鬼，為打醮。平時預防災難，掛設道場，延巫祈禱，稱為做清醮。人死則延巫超薦親友、戚來弔唁，子侄輩衰絰，如古禮。喪具稱家有無，並不鋪張，惟棺槨因囿于風水之說，至有停厝十餘年而不埋葬者。婚礼，經媒說通後，男家須先少送聘礼，謂之撥定。將完婚，又須擇日送嫁妝，謂之送茶。完婚時，新郎不親迎，却于先一日乘肩輿至岳家拜礼，謂之拜門。妝奩亦稱家之有無，並不爭鬥奢靡。農曆正月初一日至初四日，商人停市，農工停工，每家均備飯菜薦于祖先。初五日至初十日，有唱燈、獅子燈、龍燈等挨户唱舞。十二日至十五日，每夜均迎神燈，慶祝元宵。春社日，採田野間一種野菜，謂之社麯，用來調糯米粉做粿，謂之社粿。清明日，以飯粿薦于祖先，謂之清明粿。立夏日吃立夏湯，以米粉等物為之。端陽節于初四日食角黍（相傳元末龍泉胡仲淵以午日出師，響應明太祖，因改為初四日，是時龍慶等縣賴以不受兵，其後各邑皆因之，以示紀念）。中元節，各族祠均舉于蘭齋做餞，并依族中人口粿散。中秋吃月餅。十二月後，每家先後釀酒、煎餳糖、做黃粿、做米糕……等物，採辦年貨，準備過年。除夕，以猪肉、雞、年糕等物供奉灶神及堂上香火神，焚香放爆，是為辭年。年辭後，再薦以燈盞，並以柏枝、柿枝、桔三物擺列神前，以兆百事之吉（因三物與百事吉三字同音），謂之開年。堂與香火神，多供奉南海觀音及北極玄武二神，又有供奉土地神于香火之末者，相傳為明亡後邑人悼崇禎皇帝殉國，故借此

以本地之例

十六、言語

言語為浙東語系，唯音調較為嚴厲，全邑為硬。

十三、行政區分

舊時分劃全縣為四鄉十二都，民國二十年改行鄉鎮制，經幾度改編與歸併，至二十八年，始劃定為四區三十一鄉鎮，分列如次。

城區：

城關鎮　濟楊鄉　濛石鄉　五湖鄉　喬竹鄉

和山鄉　楓合鄉

荷地區：

荷地鄉　黄岩鄉　濛東鄉　舉水鄉　洋魚鄉

蘇方鄉　樊竹鄉　泛埧鄉　嵩塘鄉　左洋鄉

淤上區：

淤上鄉　安仁鄉　慶集鄉　桃宮鄉　関張鄉

安石鄉　上陳鄉

竹口區：

竹口鄉　黄新鄉　黄田鎮　高坪鄉　蔡公坑鄉

三濛鄉　四源鄉

（十四）名勝：

攬邑東，戴濛洲八景，先代文人，率多題詠，茲考查景物，列載如次：
（一本縣松源溪，別名濛溪，故本縣又有濛洲之稱）
一、石龍煙淨：石龍山在拱瑞堂後，群峰羅列，如龍蟠臥，雲
烟繚繞，倏極清淨，又太平門外之岩山，亦稱石龍山，上有問僊亭，
登眺望，全城烟火，歷歷在目。
（二）雲觀松蔭：雲觀堂在濟川門外，青松濃蔭，頗饒詩意，今
修為黃主席公館。
（三）雙潭石印：雙潭即石龍潭，有石峙立中流，形如巨印，上
棻蘇歸擒，頗為壯麗。
（四）中子祥雲：中子山在和山鄉境，起出海面一千六百公
尺，每當夕陽西下，雲霞掩映，蔚為奇觀。
（五）霞帔麗日：霞帔山在濟楊鄉境，昔賢詩云：「何年仙女
下人間，霞帔輕拋化作山，朝霞融融流石髮，濟梅點點綴雲鬟，長雨
灣環，色帶堪艳，一拂春農不忍刪，我欲乘風頻躡後，悠然相對可
消閒。」每當春和天氣，白日照耀，景色更為動人。
（六）百丈龍湫：百丈山在淤上鄉，離城四十里，相傳為五代
時馬氏仙女飛昇處，有瀑布龍湫等名勝。
（七）梅峭夜月：梅峭在裔竹鄉，峭上有亭，為龍慶分界，夜月
斜照，山峭倍覺幽靜。

八盤水春潮：松源溪流至八都，稱為桂溪，當春日桃花水溢，奔騰澎湃，勢極洶湧。此外，深東鄉東溪村有上下龍井三處，水流過一井，均作飛瀑懸空，飛擲聲如巨雷，亦勝境也。

十五、古蹟

宋侍郎胡紘宅：在坑西石磧，宅基尚存。

宋尚書陳嘉猷墓：在竹口伏石嶺。

宋狀元劉知新墓：在濛村慈照寺前。

勝隱庵：在大濟源頭。為清初陸子清獻講學處，庵旁有洗耳泉，水甚清冽。按陸清獻名隴其，字稼書，清平湖人，康熙進士，其學以居敬窮理為主，為程朱之正家，卒謚清獻，從祀孔廟，著有三魚堂集行世。

雙門橋：在大濟，宋代進士吳毅、吳轂兄弟建。

十六、關隘：

本縣山道險阻，居民不見外事，故有史以來，凡國家有大亂，本縣均能安堵如恒，如唐朝黃巢之亂，元末流寇之亂，明倭寇之亂，清太平天國之亂，附近各縣均被蹂躪，僅本縣僻處山隅，得以獨全。但因地處浙閩邊陲，跳梁小醜，間有竊發，常為居民之害，故自明季以還，即有六隘之建築，今所存者有八：[illegible]、石壁、馬蹄、西山、黃坑等去隘、八爐在本縣東，隘當壽寧來縣之衝，為本縣東部之屏障、黃坑隘在本縣西南，通此即松溪境，西南部之屏蔽也，石壁（馬蹄、西山三隘，為城廂一帶之内屏，民國以來，土匪滋擾，尤其劉尽建築碉堡，依險設防，頗稱完固，可惜近年以來，多已荒廢，若能從事修葺，並充實各鄉自衛力量，則此等跳梁小醜自無活動之機會矣。

十七、歷代用兵紀要：

五代時，王審知據閩，稱閩王，卒後，其子鏻僭稱帝號，吳越王遣白將軍從竹口入閩討之。元朝末年，明太祖遣樞密院判耿再成攻處州，時元副都元帥石抹宜孫領兵守處州，兵敗，逃走建寧（今建甌）。孫復起兵犯慶元，再成出師逼之，宜孫敗走，死于桃坑（桃官鄉）。明嘉靖四十一年，倭寇攻政和，復圍松溪、壽寧，山寇劉大眼意慶元不備，從岱引寇猝至，時訓導吳從周率民守城，相拒數日，援兵至，寇始遁去。清順治五年，本縣明末貢生吳懋修，結連福安劉中藻，擬恢明室，屯據坑口、際下等處，為清兵殺退。同年九月，又與馮生舜等攻陷縣城，嗣因政和援兵來，生舜始退。六年，馮生舜又率數千人，與李定國大戰于下管赤搏嶺，殺死定國，進劉縣城，嗣因政和援兵來，生舜始退。

（摘馮生舜、劉中藻傳略）

為生員、明末進士，痛國家之傾亡，想先佔寧德、壽寧及本縣一帶，以次光復明室。後敗亡，逃往福建光澤被擒，清將頗劝其降，生斥曰：生不能保衛國家，何敢覥顏偷活于世，願一死足矣。問其姓名，亦不答。每日晨起，必端整所戴綱巾，以示不忘明制。清將見其志不可撓，乃奪其所戴綱巾，生斥曰：吾明臣也，不可以忘其制，以筆畫之可耳。于是每日晨起，必令其僕代其畫面，如網巾狀。卒為清將所殺。人稱畫網巾先生，封忠貞謚。福安人劉中藻，曾舉進士，隆武時，為御史中丞，兵入閩，隆武走死汀州，忠藻乃迎監國魯王于福安，授大學士。福安城陷，忠藻為文自祭，吞金屑以死。

康熙十三年，耿精忠于閩起事，遣其總兵徐尚朝帶兵擾至，遂入縣城。時城內闔坪方大演戲劇，觀者被殺甚多，故今該坪尚有內泉眾鄉衛屬時被殺者。咸豐八年，太平天國軍攻陷浦城、政和、龍泉等縣，八兵來慶，前後十餘次，均經縣屬義勇率鄉勇擊退。九月，又進兵來縣，復被圍李變率兵狙戰于黎欄隘，斬其先鋒周宗，餘眾悉遁。

民國十三年九月，孫傳芳遣其部屬孫基昌由閩衛至本縣，本縣駐軍望風逃逸。基昌亦向龍泉前進。十五年十一月，閩督周蔭人為革命軍所敗，由政和逃至本縣，旋向龍泉逸去。繼北伐革命卒數萬人，亦由松溪經過縣北竹口一帶，蹤跡追擊。十九年三月，土匪何金標、葉金標等千餘人，攻入縣城，劫掠擄户，擄掠一空，焚四商店，大半均被放火焚燒，殘缺情形，至今何處見之。二十三年，赤匪劉英部，自浙江來犯，先在各處滋擾，寧衛入縣城，縣長張致遠率兵抗戰，敗走北區，繳械避害，中央派遣飛機來縣追逐，於濟川門外投彈數枚，而赤匪早已揚長向龍泉方面逃去。二十四年，赤匪葉飛及土匪林乃尊先後竄踞東南區，往往殺人放火，居民不得安居，官軍屢次進剿，均不能肅清。二十七年，葉飛部投誠歸正，林匪勢力遂衰，延至二十八年，縣始擴充自衛力量，從事組織，土匪始告衰落，本年縣府組織自衛力量，日臻雄厚，土匪已漸少活動之機會矣。

十八、先賢傳略：

本縣宋元以來名賢輩出，有清一代，始無所聞，追蹤奮起，端在我輩。略載數人，以資景仰。

宋

吳楥，字時發，幼穎奇，無嬰兒態，及長，倜儻，壬辰科進士，亮直忠勇，以節概自許。靖康初，募有能使金者，楥毅然請往，至金，驕長揖不拜，正色厲詞，金人怒，欲屈之，不屈，金人壯之，遣還，遭巨寇葉儂作亂，拒戰，抗擄，遇害，名節昭然，至今稱頌不替，祀鄉賢。

吳毅、字寅仲、與兄維共登政和壬辰科進士、宰會昌、建炎丁未、潰兵楊勍自浙東入境、民遭殺掠、官兵不能制、毅挺身直抵賊營、諭以忠義、賊以刃挾之、毅厲聲曰、吾頭可斷、吾身不屈、賊感悟、即以所掠子女遺毅、給還民間、隨聽招撫、宣諭使劉大中奏毅忠勇、擢處州府判、民戴其德、祀鄉賢。

劉紹新、字元鼎、少穎異、及長、淹貫經史、遊太學有聲、大觀初、廷試第一、出知綿州、政尚慈祥、所著詩文、多士奉為軌範、蔡塤曰、讀元鼎文、如拾璧、藍田闠手書、難得之寶、為時所重如此。

陳嵩說、字可少、即穎敏、為兒戲、置機几上、坐之、見叔至、三跳而下、叔曰、三跳跳落地、敵厲聲曰、一飛飛上天、由是益奇之、甫數歲、即日誦數千言、登紹興神童科、累官至禮部尚書、公忠耿介、有經濟大畧、朝紳重之。

胡然、少警悟、家貧無買書錢、有販者求售、讀遍還之、即不忘、由教官科宰邑有聲、擢監察御史、累遷至工部侍郎、因奏請以所居之松源鄉置縣、詔可、後出為廣東經畧使、所至有能聲。

吳齊、博涉經史、嘗鄙章句之學、以道統為己任、登熙寧丙辰科進士、賜若伯與、初仕江州右司理、累遷中書舍人、知制誥、龍圖閣待制學士、贈少師、著作甚富、所著有明性集、發微、正誤、詩對十一卷、孫崇鏡

真山民、宋末進士、本名桂芳、浦城文忠西山之曾孫也、僦居本縣、自稱山民、人即亦山民呼之、痛值亂亡、深自湮沒、世與得而稱焉、惟所至好題咏、因流傳人間、然皆探幽賞勝之作、未嘗有江湖酬應語、李伯子謂宋末一陶元亮、洵非過論、有真山民詩集行世、清乾隆間經收入四庫全書中、按真山民詩集、本縣現尚有淘州近滕元粹先生評訂本。

姚榮、字君衛、號雲樵、竹溪人、幼敏睿、長通經史、尚書陳宜中見而器之、妻以女、授永嘉縣簿、不就、貢舉于京、賈似道專權、率太學生伏闕極論、不報、遂退歸鄉里、宋亡、元遣使宣慰來慶元、榮請見、乃說以仁則得眾、勿放火縱兵、使從之、眾賴以安、使奏授慶元簿、辭不就、歸家考訂諸子之書、作論孟直解、後元翰林奉旨訪求賢士、以榮為首舉、榮義不仕元、乃以母老力辭、著續有藁者、俱不傳、後徙居龍泉。有雲外樵歌若干卷、藏于家、及卒、臨江傅汝礪挽之以詩曰、處士樵歌遠、空山草木寒、田生晚傳易、陶令早辭官、白日開琪樹、青山見玉棺、看君真不死、文采映芝蘭、其風概可想見矣。

明

吳懋修、字爾進、號如公、舉水村人、明末為兵部司務、明室傾亡後、結連劉忠藻、馮生舜等高舉義旗、率鄉兵往返于壽寧、慶元、景寧等縣劉瑀敗後，又與福建耿精忠連絡，寧兵攻入壽寧，後耿精忠敗亡，懋修知事不可為，始退隱鄉中，致力于桑梓事業，終其一生，並未用清朝年號，每題紀歲時維書甲子云。

清

姚梁，字芝田，后田人，少聰穎，過目成誦，登己丑科進士，擢內閣中書，歷仕礼部主事、刑部員外郎、廣西陝西主考、山東學政、饒州知府、川東兵備道、江西按司、河間知府等職，清廉耿介，毫不苟取，任饒州時，民立生祠祀之，所至俱有政績。

十九、雜記：

本縣之菇民與菇業概況

龍慶景三縣之種菇事業起于何時，無從稽考，據一般人之推測，種菇當係起于元代，何則，蓋元代之前，三縣人口寥寥無幾，土地雖然饒瘠，深耕易耨，亦足養家，因不必離鄉背井，遠赴異地，菇營生也，元代之後，食指稍繁，居民生活便起波動，于是不得不另覓生路，或係偶然發明種菇方法，知為有利可圖，又因鄉土種菇樹木稀少，遂相率遠赴異地，從事種菇，稽考鄉人宗譜，元代始載有種菇事跡，是則種菇事業，必起于元代無疑。

據菇民相傳，明太祖奠都金陵，因祈雨茹素，苦無下箸物，劉基以菇進，太祖食之甚喜，諭令每歲常置備若干，劉基舊處屬之青因人也。念故鄉龍慶景等縣，山多田少，居民艱苦異常，因奏請種菇為三縣之種人專業，故菇民世世奉祀劉基為菇神，藉以紀念其恩德。

至今本縣菇民約有三萬餘，每年秋末冬初，則相率到閩贛皖粵等省去，其中以到閩最多，贛省次之，皖省又次之，到粵最少。八年春末則又相率回来，秋去春回，恰如候鳥，其生活之艱苦，可想而知。菇民中有菇商與菇農之分，菇商于菇產較多之地方開設菇行，每年以高利貸款于菇農，菇農即將所產香菇先行担至行中，託其代賣，菇商按價抽牙，從中漁利，故菇農勞而菇商逸，菇商獲利多，而菇農獲利少。

菇民因其生活之遷徙流離，甚少受教育之機會，故其文化水準甚為低落，對于種菇事業亦永遠墨守陳法，不知改進。龍泉李師頤家世業菇，于民國二十八年間本其平生種菇經驗，發明種菇新法，其法即將菌種塗播于新菇木上，可使短期內即會發酵產菇，其理由至為明顯，方法亦易試驗，而本縣菇民，守舊心理特深，苟有以新法種菇語之者，彼率搖頭閉口，嘆為妄談，良足深慨（按李師頤著有改良段木種菇法行世）。

本縣菇民每年種菇所得，本佔全縣經濟收入之大宗，故菇業之盈虧，不但與菇民之生活有關，且可以影响全縣經濟之波動抗戰開始後，蕨產滯銷，蕨價低落，而其產量因蕨民生活之艱難，復不能續種新蕨，故產量一年不如一年，而蕨民生活亦一年不如一年矣。必須講求救濟之方法，以維本縣唯一之經濟命脈。

關於土神吳三公之傳說

本縣喬竹鄉西垟地方，有一土神廟，奉祀土神吳三公，每年農曆七月中旬，為該廟之香期，搭班演戲，香火極盛，境內婦女，鄉者至，如雲，賭博之徒，咸來聚會，在本縣各寺廟中，香火之盛，推為第一。關于吳三公之事跡，史乘無詳細之記載，不知其為何代人氏，據地方父老相傳，吳三公係龍岩村人，生前挑擔為業，路經某地溪旁有桃一樹，桃實纍纍，均已成熟，適一婦人偕一小孩路過，孩子想吃桃實，不斷啼哭，吳三公憫之，即縱身上樹，採摘桃實擲下，詎是深潭樹枝撓曳，跌入潭下，驚見潭下石門洞闢，知是吳三公，即趨入，見上坐一驪山姥姥，即便遙遙跪拜，驪山姥姥乃授以神術，促使還家，及至家，離家已三年矣，往視採桃之處，擔担依然尚在，從此神通廣大，祈神打鬼，無不立應，云云。吳三公生前本種蕨為業，某年因蕨產歉收，春事將終，尚無回路資，公憂戚，方每手持柴刀，揮擊蕨樹，發洩憂嘆，及過數日，見所擊之處，萌芽叢生，大喜，即遍擊他樹，皆然，從此始知以物擊蕨樹，能使蕨生，民互相仿效，謂之推蕨，此後每年春秒，蕨民均實付推蕨，藉增香蕨之塵量蓋蒙菌寄生樹中，樹木受躁，未能將之使出，一經打擊，尖入木但內受勁菸古受刺激，伺外發生，理宜顯異，三公於冥冥意中發明此法，人咸以為神，死後，人因奉祀為菇神，至今菇行菇農中均奉祀吳三公之神位。

由已上二說觀之，吳三公于無意中發明雜菇術，本甚可信，而稱其參見龍山姥姥之神話荒誕已極，或係公生前嘗為匠師，後人因而附會之也，究竟是否，不敢武斷。

歌謠

歌謠者，古詩之遺韻也，昔春秋之世，各國命採風之使遍採民間歌謠，編為聲律，被之管絃絲，孔子刪定之後，是為國風，而今讀其詩文，純為天籟，與今日之民間歌謠，並無二致，蓋人當喜怒哀樂際感于環境衝口而出，不知手之舞之足之蹈之也，是故讀其地之歌謠，即可知其地之社會情況，昔季札觀樂，而知各國之盛衰，良不誣也。本縣地屬窮山僻壤，土磽瘠，民生艱苦異常，故發為歌謠，充滿樸厚之風，是其魏唐之國風乎，詩經中有魏唐之什，要舉數端，以概其餘。

（一）山頭三件寶，火筏橫橫倒，火籠當棉襖，山粉當糧草。

註：火筏夜間用以代燈火也，山粉即蕨粉，可以充飢，讀此歌謠，可以見民生艱苦之一斑。

（二）無臂揕、栢龍衣、無娟戴戲饒箕、無衣裳、穿棱衣、無輪生、合一畚箕。

（註）此嘆貪出缘之甚况也、龍衣、山巢若饒箕、所難若。

（三）東方甲乙木、火蒼也、有内西方庚辛金、三餐二點、心。

南方丙丁火、無饅頭也、有粿北方壬癸水、兆財又兆喜。

（註）此鄉人理想中之滿足生活也、讀此可見鄉間民風樸厚之一斑。

（四）鯿有鯿路、雞有雞路、蝦蟆雖無路也會跳過步。

（五）花配花、鄉配鄉、破畚箕配笼帚。

人口遷入之研究

縣邑皆山也、其東南二區、山谷窮絕、道路險仄、來往不易、為人不到之處、而較為胡鄉之處、即為人烟稠集之所、村莊佈列、不知幾凡、試思千餘年之前、山谷荊落、本未經人開發、原為一塊荒地、到處皆獸蹄鳥跡、既無山嶺、又無路徑、不知鄉僻者民之祖宗、胡為而遷居到此也、究其原因、當不外乎以下數端、（一）為避亂而來者、當干戈擾攘之秋、人民遷徙流離、莫得安居、于是攀籐捫葛、入山惟恐不深、誅茅結舍、以求苟活、故雖窮僻之處、亦有迯避而來者、（二）為避禍而來者、人之相處、不能無不平之事、剛強之輩、動干國法、往往率眷潛逃、其視窮僻之境、不啻洞天福地、怡然自安、不以為苦、（三）

為逃賦役而來者、混亂之世、賦役嚴苛、而在昔荒僻之地、又為政治力量所不能及、人民相率來歸、以養餘生、(四)為尋風水而來者、昔人對風水之說、迷信極深、見山僻之地、山明水秀、以為奇山怪石、必有異靈、遂徙來居、冀獲蕃衍、(五)為墾種荒地而來者、在昔荒廢之地、原無業主、開墾播種、即為己有、苟生活之可以解決、即心身亦能自安。

凡此數端、均屬可靠、惟當時人口遷入、數目本稀、機緣子子孫孫遞漸蕃衍、年代久遠、始能聚成村落耳。

畲客

本縣畲民、稱浙閩等處、尚有少數苗民寄居、彼等自稱為客家、而漢人則稱之為畲客、其遠祖本從福建遷來、男女均從事耕作、雖女人亦終歲赤足、不着鞋履、服裝略與漢人異、其與漢人對語、則講本縣土話、其自相會談、則用畲語、一切風俗習慣均與漢人不同、近幾年來、已與漢人通、漸與漢人同化矣。

東鄉溪澗中之特產——鯢魚

本縣東鄉左洋石湖二鄉之溪澗中、產有一種兩棲動物、鄉人稱之為蛾、在生物學名詞中、是為鯢魚、其肉可食、有四足、與鰻魚同類、趾間有蹼、能潛伏水中游泳、趾端有爪、能出水攀樹上昇、以桐樹花及小魚為食、大者長三四尺、顏色深褐、狀甚奇異、故他處人

[illegible]一東鄉者偶睹此物，往往驚為神怪云。

本縣大刀會徒淡擾紛然

按大刀會林清代社會秘密會黨之一，清末曾先義和團首肇禍，其頭目劉士端、彭桂林等于光緒二十三年集黨，[illegible]兗州府之耶穌教堂，戕德教士二人，德遂以兵艦入膠州灣要挾租借，訂膠澳租約，開外人租借地之先例，並賠償鄉費銀弍萬四千元。

本縣于民國十八九年間，土匪蔆擾，日甚一日，燒殺擄掠，無所不為，鄉人患之，急求所以自衛之道，旋蔆民之豐業于建甌者獲識大刀會徒葉冠永于南雅，冠永自稱曾學法于北洋（直隸山東一帶），謂其符咒可避槍炮，鄉人惑之，即延聘至本縣請其設壇傳授符咒，會徒入會時，須自備紅肚兜一個，白背心一件，黑頭巾一頂，以為臨陣裝束之用，白背心用丹砂繪雙龍于其上，黑頭巾頂上繪一太極，背面寫金鐘罩頂四字，又備大刀一把，長鎗一枝，以為衛身殺敵之用，然後敎以符咒，俟其符咒均已熟習，即便試刀，時先令將符吞下，袒腹臥于桌上，以刀在其肚上輕斫，其刀不可直刺，又不可橫割，只可平平向下輕斫，皮膚並不損傷分毫，並敢攻與匪對陣，犧牲力以擊敵，本屬無損，鄉人不明此理，以為刀既不能入，則槍彈自可不懼，且其符均用丹砂溶液，丹砂合下書賀富

剛暴性，吞下符令，人與舊異，賞加以槍彈不能入之心理作用，便
直一切于不顧，故衝鋒陷陣，莫不爭先恐後，土匪望風逃避，莫敢
攖其鋒。間有被匪擊斃者，匪亦必為之解說曰：此人心地不良，不
能證道果，故為炮火所斃。鄉人皆信之，從此各地鄉人風起雲湧，
爭求入會，一年之間，則各鄉立有法團。鄉人之最樸無知者，紛紛入
人不是大刀會之法徒矣。自是土匪相率遠遁，一時境內杳無匪
蹤焉。然而鄉人亦漸移其仇匪之心，以與官軍為難矣。蓋故去單
隊性本驕橫，素為鄉人所忿怒。民國十九年九月，北區大刀會
遂聚集會徒數百人，襲毀折口之保安隊，槍殺隊士九名，餘眾悉
進至縣城，刀徒嘯聚黨眾，將攻城。城內駐軍大懼，移屯石龍山。刀
徒遂入城，轉向龍山進攻，軍隊居高臨下，刀徒遂入城，轉向龍山
進攻。軍隊居高臨下，刀徒不能前進，多被斃傷，遂一鬨而散。民心
於是安[redacted]十一年十一月，南鄉法徒一時另外尚有紅帶會、九仙會等
名目，一抗拒政府徵收住屋捐、消[illegible]人、于[illegible]燒
時，分道來攻打縣西南二門。城中駐軍何大霧迷濛中，炮火駢發，
約歷半小時，法徒被擊斃二十餘人，受傷者不知其數。縣長黃士
杰率隊追擊，直到南區各鄉，迫令各法徒將法衣等物繳出焚燬，
辦理自新手續，南區法徒遂告肅清。二十五年，葉冠永見其會徒
日益眾多，陰存肇禍之心，遂趁政府開始實行徵兵制度之際，聯

絡全縣各鄉刀徒大舉攻城、于舊曆八月十九日、早晨率北區大刀會徒數百人、圍攻南門、時縣長黃濟湖、早已接獲密報、從事戒備、刀徒不敢進逼、即逃遁、復集中于後河司墩一帶、至下午、東區各鄉刀徒亦先後來集、大纛上大書救災救難救民義軍、於目張牙舞爪、激非黨、紅幫會、九仙會等、亦紛來聚會、數目約二千餘人、發請中國各地之大刀會、約于是日舉事、故彼等來于是日來者、應之、其愚昧與知、殊爲可憐、至閏月一覩光開、但書則又成喜以爲天假之機、遂攻城、烽燧而前、繼之六響、城門下死傷甚衆、大敗而逃、鄉人于此時始知符咒之術、全屬欺人、然而悔懼致死之又不敢遽爾還家、越數日復與其黨永康戕殺、又被擊敗、府將軍發兵追剿、呈報省署、省署令緝、以儆愚民、要犯應責令官郭不得擅加追究、于是刀徒紛紛作鳥獸散、永遠逃福建地方、秩序始告恢復、此本縣刀匪擾亂之經過也、其後黨冠永于槍斃縣就獲、經解送本省拘押、復于二十六年秋判明罪狀、于省垣執行槍決、本縣民衆聞之、莫不稱快不置云。

翩〻新來燕
雙〻入我廬
子愷

慶元縣志佚著存目

［宋］括蒼慶元志一卷　邵笥撰

［元］松源志　縣尹孔暘碑記記載

［明］正統前慶元縣志　《文淵閣書目》著録

［明］萬曆丁丑慶元縣志　沈維龍纂修

［明］萬曆己未慶元縣志　汪獻忠謹補

後記

《慶元縣志輯》是『慶元歷史文化叢書』的一個重要組成部分，收録了存世的所有慶元縣志及部分與縣志相關的文獻，以影印的形式原汁原味地呈現慶元方志纂修的概貌。全輯有十四册，能全面反映慶元建縣八百多年來的歷史人文、輿圖梗概、民風民俗的沿革變遷，是慶元縣志之集成，是研究慶元歷史的重要文獻。

《慶元縣志輯》編纂工作一直在『慶元歷史文化叢書』編纂指導委員會的重視和指導下展開。聘請麗水市文史研究館館員，慶元縣委原常委、宣傳部部長，麗水市社科聯原專職副主席、一級調研員楊賢高擔任主編；聘請麗水學院教授李巖爲副主編，其在查閲豐富的歷史資料基礎上，爲《慶元縣志輯》撰寫了全部提要。慶元縣地方志辦公室和慶元縣圖書館提供了部分縣志古籍電子版及相關的文獻資料，慶元縣政協文史專員姚德澤先生將自己收藏録製的縣志電子版全部貢獻給編纂《慶元縣志輯》使用，并參與了編纂審讀工作；浙江工商大學出版社的編輯們，盡心盡責做好排版編審工作。在此，向爲編纂出版《慶元縣志輯》付出辛勤汗水的同志們表示衷心的感謝！

《慶元縣志輯》的編纂是一項複雜的工程，受古籍底本質量限制，有部分頁面模糊不清，也有的字迹暗淡，會給讀者帶來閱讀困難，特别是我們編纂水平有限，一定存在不少疏漏之處，敬請方家批評指正！

《慶元縣志輯》編委會

二〇二四年十一月